Andreas Venzke

Scott, Amundsen und der Preis des Ruhms

Die Eroberung des Südpols

Arena

Im „South Pole Inn"

„Schaut euch das mal an!", ruft der glatzköpfige Howard, als er in mein Gasthaus stürmt und sich Jacke und Hose abklopft. „Ich glaub es nicht! Das hatten wir noch nie."

„Natürlich hatten wir das schon", ruft gleich der alte Bill zurück. „Nur vielleicht nicht ganz so viel."

Ich selbst schaue zur Wand und lächele gequält. Auf meine Augen ist kein Verlass mehr. Doch entstehen in mir seltsame Bilder, erst verschwommen, dann immer klarer. Damals hätte es keiner gewagt, sich den Schnee erst nach dem Eintreten abzuklopfen. Das musste vor dem Zelt geschehen.

Howard lässt sich von Ellen, meiner Frau, ein Guinness zapfen und stellt sich zu den anderen in den Raum, die wie Kinder in die Hände klatschen und aufstampfen. Ellen hat eigentlich auch noch nie Schnee gesehen, richtigen Schnee, nichts anderes als Schnee. Auch sie geht immer wieder zur Tür und macht ein paar Schritte hinaus. Vielleicht kann sie nun ein wenig von dem begreifen, was ich ihr erzählt habe: Wie man durch ein Loch in der Zeltwand starrt und draußen peitscht der Wind den Schnee keuchend vor sich her, stundenlang, und wenn man Pech hat, tagelang. Und dann geht das Petroleum für den Brenner zur Neige und die Nahrungsvorräte auch.

„Na, Bill", prostet ihm Howard zu, der für seine 40 Jahre viel zu alt aussieht. „Du musst das ja wissen! Aber hast du in deinem Leben schon mal so viel Schnee gesehen? Warst du denn jemals runter von unserer Insel? Na egal! Nicht dass wir hier noch einschneien! Obwohl, das wäre auch nicht schlimm. Dann müsste ich mir von meiner Frau nichts anhören, wenn ich später nach Hause komme. Schließlich ist Samstagabend."

„Einer hier im Raum hat bestimmt viel mehr Schnee gesehen als wir alle zusammen", antwortet Bill und sucht mit dem Blick nach mir. Ich drehe mich nicht um und spüle ein Bierglas aus.

Ob es richtig sauber ist, kann ich nicht mehr sehen. Es durchfährt mich heiß. Die Erinnerung an damals werde ich immer in mir tragen.

In welchen verschiedenen Welten man leben kann, denke ich. Es gibt Situationen, da kann man wirklich selbst entscheiden, ob man seine bekannte Welt tauschen möchte gegen eine völlig fremde – in meinem Fall: eine kleine überschaubare Welt gegen eine unüberschaubar große. Und dann gibt es Situationen, da *wird* einem die Welt gewechselt, auch wenn man bleibt, wo man ist, und seine Welt gerne behalten hätte. Aber was erzähle ich? Das ist alles schwer zu verstehen für einen, der damit nichts zu tun hat. Ich mache sonst keine großen Worte. Ich versuche eigentlich, still meinen Lebensabend zu genießen, im irischen Annascaul, wo ich in der Nähe auf dem Hof meiner Eltern aufgewachsen bin.

In dem kleinen Ort wohne ich mit meiner geliebten Frau Ellen, und zwar in dem Wirtshaus „South Pole Inn", in dem sich gerade so viele Bewohner des Dorfes versammelt haben. Thomas Crean* heiße ich, doch nennen mich alle nur Tom. Bei mir werden die Geschichten ausgetauscht, von all den kleinen Dingen, die in Annascaul geschehen. So wie man am Sonntagmorgen ins Gotteshaus geht, kommt man am Samstagabend zu mir ins Wirtshaus. Manchmal, wenn ich dazu aufgelegt bin, erkläre ich, was hinter dem Namen „South Pole Inn" steckt. Aber die ganze Geschichte, die hat außer Ellen noch keiner gehört.

„Tom!", höre ich Howard nun rufen. „Hattet ihr auch so viel Schnee am Südpol? Hier ist jetzt ja auch alles weiß."

Ich wische an der Zapfanlage herum und versuche, wieder zu lächeln. Ellen schaut zu mir hin und ich erkenne, wie sie mir zunickt. Das soll wohl heißen, dass ich ruhig mal erzählen soll.

„Der Schnee kann locker sein wie Puder oder hart wie Stein, pappig oder griffig, scharf wie ein Messer oder weich wie eine Daunenfeder", sage ich. „Wir konnten das alles unterscheiden."

An einem Tag wie diesem, wo es in unserer Gegend wirklich mal schneit und der Schnee sogar liegen bleibt, da könnten meine Landsleute ein wenig verstehen, was ich erlebt habe. Wir haben sonst immer nur Grün um uns, auch im Winter. Am Südpol war alles weiß, die Farbe Grün gab es nicht mehr.

„Mal sehen, wie unser Schnee jetzt ist", ruft Howard und geht wieder hinaus. Andere gehen mit ihm.

„Noch ein Bier, Ellen!", ruft er und andere wollen auch noch eins.

Ich nehme ihre leeren Gläser und spüle sie ab. Ich spüre, wie mich Ellen immer wieder von der Seite ansieht. Sie weiß, wie gern ich meinem Herzen Luft machen würde.

Im hinteren Teil dieses Buches gibt es ein Glossar – dort sind die Erklärungen zu den Begriffen nachzulesen!

„So, für die Briten hast du das getan", habe ich einige Gäste schon sagen hören, mit einem bestimmten Unterton, vorwurfsvoll. Deswegen bin ich vorsichtig. Ich kann die Briten nicht unbedingt verachten, so wie es viele meiner Landsleute tun. Haben sie mir nicht ermöglicht, die Welt zu sehen, wirklich die ganze Welt, weil es nun mal ihr Anspruch war, sie zu regieren? Es traf sich jedenfalls alles bestens, als ich zum Mann wurde und mir meine väterliche Welt zu eng wurde, ja, die väterliche Welt ... Auf unserem Hof herrschte mein Vater nach alter Sitte und getreu der Bibel: „Wer die Rute spart, hasst seinen Sohn." Ich hatte mit meinen neun Geschwistern unter seiner Rute einen Platz zu finden. Nur, wo gab es den auf unserem Hof, bei Annascaul, am Ende der Welt, im westlichsten Zipfel Irlands? Wenn es da Streit gibt, geht man los und steht bald an den Meeresklippen. Welche Sehnsucht drückt das Meer aus, wenn es laut anbrandet oder sich leise in der Sonne wiegt! Letzten Endes bietet das Meer zwei Möglichkeiten: sich von den Klippen hineinzustürzen, wie das für mich nie ein Weg gewesen wäre, oder seine riesige Weite als Straße in ein neues Leben zu nutzen.

Warum musste mein Vater auch gleich wieder zuschlagen, nur weil ich angefangen hatte, die verfluchten Saatkartoffeln zu eng nebeneinanderzupflanzen? Was hat es mir abverlangt, nicht zurückzuschlagen! Hatte damit alles angefangen? Ja doch! Und dann war es natürlich auch die Schuld der Briten, wenn man so will, dass es damals für einen Grünschnabel wie mich die Möglichkeit zur Flucht gab. Die Briten suchten Personal für ihre Schiffe und die jungen Leute in Irland suchten Platz für ihre Träume. So fing es an. Im Rückblick geht alles so schnell: Mit 15 laufe ich von zu Hause fort, spät am Abend, als alle schlafen. Ich kenne den Weg zum nächsten Hafen wie meine

Westentasche und bin ihn in meiner Vorstellung schon Dutzende Male gelaufen. Nur der Mond, mein einziger Verbündeter, begleitet mich und schon am nächsten Tag stehe ich einem Bewerbungsoffizier gegenüber. Die schicke Uniform, die er trägt – darin möchte ich auch einmal stecken! Was mein Alter angeht, sage ich nicht ganz die Wahrheit, aber die will der Offizier eigentlich auch gar nicht hören.

Als *Boy* werde ich in der britischen *Navy* aufgenommen. 1893 ist das Jahr, als ich anheuere. Wieder haben die Briten einen jungen Burschen, den sie in ihrem Sinn formen können. Aber das sehe ich nicht, ich sehe meine Chance: Ich habe Erfolg, wechsele die Schiffe, die Meere, die Erdteile, Freunde, Mädchen, Ansichten. Im Jahr 1900 diene ich auf einem Schiff, das gerade in Neuseeland vor Anker liegt, als dort auf einem anderen Schiff namens *Discovery* ein Matrose gegen einen Offizier vorgeht und flieht. Seinen Platz nehme ich ein, und zwar unter dem Befehl eines gewissen Robert Falcon Scott. Mit der *Discovery* führt er eine Expedition in die Antarktis an – der Beginn meines Lebens als „Polarforscher".

„Mann, wir schneien hier wirklich ein!", brüllt Howard, als er mit den anderen wieder in das Lokal stampft. „Flockig, würde ich sagen, der Schnee ist eindeutig flockig!"

Er klopft sich ab, als müsste er vorführen, wie gefährlich es draußen ist.

„Howard, so machst du doch alles nass hier", sagt der alte Bill und ich nicke ihm unbewusst zu.

„Hab dich nicht so!", ruft Howard und nimmt sein frisch gezapftes Guinness. Ich denke, mit einem wie ihm wäre es schwer in einer Gruppe gewesen, die in der Antarktis überleben will. Einer, der Kritik überspielt oder nicht annehmen kann, bedroht den Zusammenhalt aller. War nicht sogar Scott so einer?
„Tom, erzähl doch mal, wie das da unten im Süden war! Wie ist denn der Unterschied zu hier?", sagt plötzlich ein anderer am Tresen.
Und Howard ruft: „Du hast doch an diesem Wettlauf teilgenommen. Wie war das denn genau? Hast du diesen Scott eigentlich auch noch tot gesehen?"
Ich spüre, wie es still wird. Sogar der alte Bill, der die Geschichten doch bestimmt kennt, hat die Augen aufgerissen. Ellen lächelt und nickt mir entschieden zu.

Europa vor dem Krieg

Am Anfang des 20. Jahrhunderts herrschte in Europa seit langer Zeit Frieden. Bei allen Gegensätzen zwischen den Klassen wuchs der Wohlstand aller. Trotzdem gab es das Gefühl einer Krise. Die großen Länder rüsteten immer stärker auf und bedrohten sich untereinander. Es war die Zeit des Imperialismus.
In den Industriestaaten hatte sich der Kapitalismus voll entwickelt: Mit dem unerbittlichen Kampf im Streben nach Gewinn stieg die wirtschaftliche Leistung enorm, aber auch die Konkurrenz auf den Handelsmärkten. Ein Staat wollte den anderen beherrschen, wobei sich die Industrie vor allem einen leichten Zugang zu den wichtigsten Rohstoffen sichern wollte. Großbritannien hatte dabei den größten Einfluss, weil es mit seinem Empire die halbe Welt regierte. Doch waren seine Kolonien immer schwerer zu beherrschen. Die Völker wehrten sich gegen die weiße Herrschaftsklasse und begannen, für ihre Unabhängigkeit zu streiten. Das betraf nicht nur den riesigen Halbkontinent Indien, sondern auch ein kleines Land wie Irland als Teil der „Britischen Inseln". Für das Empire ging es dabei um seine Zukunft. Aber auch ein Land wie Norwegen wollte sich selbst regieren und sagte sich von Schweden los.
Das 19. Jahrhundert war davon bestimmt, dass die Europäer noch jeden Flecken Erde „entdeckten", in Besitz nah-

men und damit die Welt unter sich aufteilten. Forscher, Abenteurer und Missionare drangen in die entlegensten Gebiete vor, besonders in das Innere der riesigen Kontinente Afrika und Asien, solange es sie noch zu beherrschen galt. Im 20. Jahrhundert war dieser Vorgang abgeschlossen und eigentlich alle Gebiete der Welt erkundet und in Beschlag genommen. Was blieb, waren nur noch die Gegenden, die keinem gehörten, weil sie noch nie ein Mensch betreten hatte: Abgesehen von den höchsten Bergen waren das die Polargebiete, an erster Stelle die Arktis, der Nordpol. Der lag sozusagen vor der Haustür. Die Antarktis dagegen war noch einmal eine andere Welt: unglaublich weit entfernt, menschenleer und völlig unbekannt.

Reisen im „Kolonialstil". Ein Kolonialbeamter lässt sich in einer Sänfte tragen.

Mit der Discovery in die Antarktis

Schon 1902 war ich zum ersten Mal dort unten, in der Antarktis. Ich sehe alles noch deutlich vor mir. Schon von Beginn an scheint uns das Meer den Weg versperren zu wollen. Es bewegt sich ohne Unterlass, angetrieben von einem Wind, der den Tabak in jedem Pfeifenkopf wie ein Feuer entfacht und verbrennen lässt. In manchen Stunden türmen sich die Wellen so hoch wie Häuser auf. Fast alle an Bord verrichten ihre Arbeit mit aschfahlen Gesichtern oder liegen zusammengekrümmt in ihren Kojen, so seekrank sind sie. An einem Tag versammeln sich aber alle an Deck: Im Meer treibt der erste Eisberg. Die Antarktis, eine kalte, weiße, unberührte Welt, und wir segeln dorthinein. Prustend und keuchend schiebt sich die *Discovery* durch das Packeis vorwärts, das stärker und dichter wird, je weiter wir nach Süden vorstoßen. Doch wirkt das Eis gar nicht bedrohlich. Es liegt alles so friedlich da. Die Sonne scheint warm vom Himmel und Wasser und Eis glitzern und glänzen wie in einem Märchenland. Die Luft über uns ist beinahe atemlos still. Diese Stille wird nur durch das schwere Keuchen unserer Maschinen und die knirschenden Eisschollen gestört. Ständig sehen wir Pinguine, Robben und

Wale, darunter riesige Exemplare. Es ist klar, dass diese Welt auf ihre Weise reich sein muss. Die Briten wollen sie erforschen und ich darf daran teilnehmen! Was für ein Gefühl!

Es ist wirklich erhebend, jedenfalls für einen jungen Mann wie mich, nicht nur mit den britischen Offizieren zu sprechen, sondern auch mit den Wissenschaftlern, die an Bord sind und mit ihren verrückten Instrumenten hantieren, mit denen sie Wind und Wellen und Wendepunkte bestimmen!

Auf einem Schiff kann man sich schlecht aus dem Weg gehen, vor allem wenn es mit Pemmikan*-Dosen, Kisten voller Portwein und Zwingern für zwei Dutzend wilde Hunde vollgestellt ist. Eigentlich komme ich mit den Herrschaften gut zurecht. Sie lachen, wenn ich Witze reiße, und sie summen den Refrain, wenn ich irische Lieder singe. Nur unser Kapitän, Robert Fal-

Das Ross-Schelfeis als das größte seiner Art nimmt mehr Fläche ein als Deutschland.

con Scott, der lacht kaum und summt nie. Er spricht sowieso nicht mit den einfachen Matrosen.

Bald fahren wir an einer Wand entlang, weiß wie die Klippen von Dover, aber nicht aus Kalk, sondern aus Eis. Es ist das große Ross-Schelfeis, eine riesige, vereiste Meeresbucht.

„Vielleicht könnte man auf diesem Schelf direkt bis zum Südpol marschieren", höre ich einmal einen gewissen Ernest Shackleton zu Scott sagen, der sich als Ire in den Diensten der Briten hochgearbeitet hat. Scott lächelt nur fein und wendet sich ab, ohne darauf einzugehen.

Im Februar 1902 steuern wir durch den McMurdo-Sund. In dieser Bucht sichern wir das Schiff in der Nähe des Mount Erebus, eines Vulkans, der die ganze Landschaft beherrscht. Diese Welt wirkt gar nicht so abweisend, wie man denkt, weil nichts blüht und nie eine Biene summen wird. Aber einem Seemann erscheint nach langer Fahrt doch jedes Stück Erde einladend. Wie man dann auf dem Land herumgeht! Wie einer dieser watschelnden Pinguine! So sehr hat man sich an das Rollen und Stampfen des Schiffs gewöhnt, dass einem der Gang auf festem Boden wie unwirklich vorkommt.

Auf einem Streifen Geröll bauen wir eine Hütte, die freilich eher für Trapper in der Wildnis Kanadas geeignet wäre. Hut Point wird der Ort genannt. Es wird inzwischen lausig kalt. Als Unterkunft bleibt nur die *Discovery*, die nach und nach im Eis festfriert. Wie ich verstehe, war das eigentlich nicht beabsichtigt, weil das Schiff mit dem Großteil der Mannschaft

RSS *Discovery*, Expeditionsschiff der Antarktis-Expedition von 1901 bis 1904 unter Robert Falcon Scott

wieder nach Norden fahren sollte. Aber nun ist es zu spät. Dieser Scott als Kapitän entscheidet manchmal planlos. Er ist jedenfalls überzeugt davon, das Schiff im Sommer wieder freizubekommen.

Immer wieder werden Ausflüge unternommen, um die Schlitten, Skier und Hundegespanne zu testen. Wir sind in diesen Dingen blutige Anfänger. Nichts klappt wirklich, nichts ist erprobt. Die Schlitten kommen nicht vom Fleck, die Hunde sind nicht zu beherrschen und das Skifahren ist schwierig, macht aber Spaß. Ich freunde mich besonders mit zwei Männern an, William Lashly, einem ruhigen und zuverlässigen Seemann, der nicht trinkt und nicht einmal raucht, was sonst fast alle tun, und Edgar Evans, einem Hünen von einem Mann, der wegen seiner Stärke Taff genannt wird.

Einmal geht das Skifahren so gut, dass wir in Schussfahrt fast ins Meer springen. Da hört der Spaß aber im Nu auf: Die Schwertwale dort scheinen fast darauf zu warten, einmal junge Seeleute zu kosten. Doch strotzen wir alle vor Kraft und wollen diese Welt erobern.

Nur müssen wir ihren Frieden auch brutal stören: Weil wir Frischfleisch brauchen, müssen wir unter den Robben und Pinguinen, die keine Scheu vor uns Menschen kennen, regelrechte Massaker anrichten. Dann färbt sich der Schnee tiefrot. William macht mich einmal darauf aufmerksam, wie sich Scott als unser Leiter erschüttert umwendet, als der Offizier Edward Wilson zehn Robben hintereinander erlegt, darunter auch Junge.

„Er ist ein großer Tierfreund", sagt William, „wie das Städter oft sind, die nie ein totes Tier zu Gesicht bekommen. Er vermenschlicht die Viecher. Aber sollen wir denn verrecken, nur weil Robbenbabys so niedlich sind?"

Ich sehe ihn fragend an. William macht sich auf jeden Fall eigene Gedanken. Andere sind da ganz sorglos. Das zeigt sich Mitte März auf schreckliche Weise. Scott hat einige Männer mal wieder auf eine Expedition geschickt, um die weitere Umgebung zu erkunden, die noch nie ein Mensch betreten hat. Als sie nach vielen Tagen endlich zurückkehren, steht ihnen der Horror ins Gesicht geschrieben: Zwei Männer fehlen. In einem Schneesturm sind sie auf dem Eis in Richtung Meer geschlittert. Während einer von beiden wieder auftaucht, bleibt der andere verschwunden. Schlagartig wird uns bewusst, in welcher menschenfeindlichen Welt wir uns befinden.

Wir erwarten nun mit Bangen den 23. April. An diesem Tag ist die Sonne zum letzten Mal am Horizont zu sehen. Erst vier Monate später wird sie wieder aufgehen. Wie verbringt man Monate in der Dunkelheit, in eisiger Kälte, im Inneren eines Schiffs, das unter dem Druck des Eises ächzt und knirscht und sich im Sturm manchmal leicht bewegt? Zerstreuung ist rar und die größte Abwechslung ist das Essen. Der Koch ist jedoch nur mäßig begabt. Einmal lässt ihn Scott für seinen Fraß sogar in Ketten legen – nicht ohne zu

betonen, dass alle, auch die Herrschaften, dasselbe Essen bekommen. Der Unterschied liegt auch nicht im Essen, sondern im Trinken: Wir bekommen ab und an ein Glas Gin, während sie kistenweise Portwein haben. Andererseits sind sie nun mal solche *gentlemen,* die sich immer von der Masse abheben. Da ist jener Edward Wilson, der wie William nicht raucht und nicht trinkt. Er ist ein sehr besonnener Mann, der eher handelt als redet. Er ist ein Musterbeispiel an Selbstbeherrschung. Wie von außen betrachtet er die Welt und macht die schönsten Zeichnungen.

Am 22. August begrüßen wir die aufgehende Sonne wie verwandelte Wesen aus der Unterwelt. Scott hat einen Plan: Er will so weit wie möglich Richtung Süden vorstoßen. Obwohl er es

Shackleton, Scott und Wilson in voller Ausrüstung, bereit zum Marsch auf den Südpol

nicht ausspricht, weiß doch jeder, was er wirklich will: Er will es bis zum Südpol schaffen. Die Vorbereitungen sind ansteckend wie Fieber. Alle packt es, obwohl nur drei Männer dafür bestimmt werden: Natürlich Scott selbst, dann der so besonnene Wilson und dazu Ernest Shackleton, der eigentlich auch ein Leitwolf ist. Shackleton spricht als Offizier ohne Weiteres auch mit uns. Keiner kann ihm widerstehen. Er reißt alle mit. Wir anderen dürfen vorausgehen, um Vorratslager anzulegen. Wie Arbeitspferde im Joch schleppen wir zu zwölft eine gewaltige Menge an Proviant auf Schlitten durch die Eiswüste. Ich ziehe mit Taff, einem netten Kerl, wie ich finde. Er erzählt mir von seinen Plänen, das heißt, von dem Geld, das er auf der Expedition verdienen will. Er möchte so viel auf die hohe Kante legen, dass er davon im Alter ein Wirtshaus eröffnen kann. Das würde er „Südpol" oder so ähnlich nennen.
Noch am Tag unseres Aufbruchs holt uns Scott mit seinen beiden Männern ein. Sie preschen mit 19 Hunden voran, die sich kaum bändigen lassen. Wir ziehen zusammen weiter und Scott treibt uns unablässig an. Es ist eine entsetzliche Plackerei. Mir hilft nur, dass ich mit Taff über alles Mögliche reden kann und dass wir beide spüren, mit Scott ohne Weiteres mithalten zu können. Er fährt nämlich alle an, die sich seiner Meinung nach nicht richtig ins Zeug legen. Dieses Schlittenziehen ist für ihn ein Charaktertest.
Nach über zwei Wochen tritt unsere Hauptgruppe den Rückweg an. Wir verabschieden uns mit viel Hallo von Scott, Wilson

und Shackleton. Wir wissen, dass alle drei einen Abschiedsbrief geschrieben haben. Aber wie weit wollen sie gehen? Der Südpol liegt noch immer tausend Kilometer entfernt.

Am 15. November 1902 ziehen also drei gepflegte, wohlgenährte, gut gelaunte Offiziere der britischen Navy flott mit 19 Hunden los, weiter hinein in eine weiße Wüste, die noch nie ein Mensch betreten hat. Am 3. Februar sehen wir sie wieder. Aber was für ein Unterschied! Da taumeln in der Ferne drei Gestalten ohne einen einzigen Hund, die so, wie sie aussehen, mit ihren Bärten, schwarzen Gesichtern voller Hautfetzen, abgemagert und stumm, geradewegs aus der Hölle zu kommen scheinen.

Die drei haben die ganze Zeit gekämpft, aber nicht nur gegen die Natur, die es nach Scotts Meinung zu besiegen gilt, sondern auch um die Herrschaft in der Gruppe. Einmal holen wir gefrorenes Seehundfleisch zum Mittagessen, als William sagt: „Scott und Shackleton, das ist wie Feuer und Wasser, und dazwischen steht Wilson wie ein Berg. Aber während Shackleton Ideen hat, kennt Scott nur seine Zahlen. Bis zum 82. Breitengrad hat er die beiden anderen getrieben. Das war doch viel zu weit! Dafür waren sie überhaupt nicht gerüstet! Scott in seinem Ehrgeiz hat keinen Raum für Sicherheit gelassen. Was wichtig ist, tut er immer aus dem Stegreif. Hier merkt er irgendwann in der Not, dass er die Hunde, die krepieren, an die anderen Hunde verfüttern kann. Also lässt er sein Hundefutter zurück und marschiert *noch* weiter."

„Er wollte doch bestimmt bis zum Südpol", wende ich ein.
„Nein, zu der Zeit längst nicht mehr!", sagt William, während er mit dem Beil nachlässig einen Seehund teilt. „Das können drei Männer ohne Unterstützung nie und nimmer schaffen. Das hat er schnell eingesehen. Gut, er ist immerhin bis zum 82. Grad vorgedrungen, so weit wie nie jemand vor ihm! Na und? Was wäre der 83. Grad für ein Unterschied gewesen? Erst als es Spitz auf Knopf steht und der Rückweg gerade noch möglich scheint, lässt er kehrtmachen."

Da nimmt ihm Taff das Beil aus der Hand und teilt mit großer Kraft den Seehund in verschiedene Portionen. Er sagt zwischen den Schlägen: „Wenn ich dabei gewesen wäre – wir wären schon noch weiter gekommen."

Da muss sich William richtig zügeln. Er lässt die Portionen fallen, die er gerade aufgehoben hat, und ruft: „Mann, aber so was darf kein Glücksspiel sein! Was haben die für ein Glück gehabt! Sie finden den Rückweg, finden auch die Vorratslager, die sie angelegt haben. Ein Sturm und sie wären in ihrem Zelt gefangen gewesen, hätten auch nicht mehr ihre Spuren gefunden! Und dann ist Shackleton am Ende seiner Kräfte!"

„Das darf natürlich nicht passieren", wendet Taff ein und legt das Beil zur Seite. „Wer da mitgeht, muss wirklich fit sein."

„Das ist klar", sagt William und zieht einen großen Leinensack hervor. „Aber man darf nicht ans Ende seiner Kräfte gebracht werden. Es muss Reserven geben. Shackleton soll nun Schuld haben, dass sie es gerade so geschafft haben, nicht für Jahrhunderte tiefgefroren zu werden! Scott sucht die Schuld nie bei sich selbst. Angeblich sind Hunde doch nicht wirklich für ein solches Unternehmen geeignet, und sogar Skier! Dabei war doch dieser Nansen* auf seinen Expeditionen damit so erfolgreich. Und die Konsequenz: Die Schlitten sollte man in Zukunft am besten selbst ziehen. Das ist ja auch viel schicker, als sich unzuverlässigen, wilden Hunden zu überlassen. So passt das zu einem *gentleman!* Ich sage euch, ich bin froh, dass wir da nicht mitmarschieren mussten!"

Taff steckt alle Portionen des Seehunds in den Leinensack, schultert den und geht ganz nachdenklich zum Schiff zurück, um dem Koch das Fleisch zu bringen. Ich weiß, dass er nichts auf Scott kommen lässt.

Eigentlich wollen alle Mann nun nach Hause. Es ist sogar ein Schiff zu uns gestoßen, um uns eventuell zu retten. Es liegt acht Kilometer von der *Discovery* entfernt, die noch immer im Eis feststeckt, obwohl es längst Sommer ist. Scott scheint das nur recht zu sein. Er beschließt, noch einen Winter im Eis zu verbringen. Heimgeschickt werden nur die, die es wagen, ihm zu widersprechen. Ich bleibe, William auch, Taff auch – Shackleton nicht, obwohl er schnell wieder auf den Beinen ist. Ich werde nie vergessen, wie wir ihn alle jubelnd verabschieden und wie Scott sich das mit steinernem Gesicht ansieht. Danach ist das Leben auf dem Schiff leichter, aber auch langweiliger. Jeder zieht sich in sich selbst zurück. Der zweite Winter scheint endlos.

Als die Sonne wieder am Himmel steht, wiederholt sich das Spiel vom letzten Jahr. Wir rüsten wieder eine Expedition aus, die diesmal im Westen die Berge erkunden soll. Das gelingt mit knochenbrecherischer Schinderei. Diesmal müssen William und Taff Scott bis zum Schluss begleiten. Taff erzählt mir mit markigen Worten davon: Was für Helden sie waren! William ist kritisch und sagt: „Eigentlich haben wir es wieder nur mit Glück zurück zur *Discovery* geschafft. Es ist wie ein Spiel: Wenn es gut ausgeht, ist man berauscht, wenn es schlecht ausgeht ..."

Taff erzählt eine andere Geschichte.

Trotzdem hat William recht, dass sie eigentlich großes Glück hatten. Von einem Erlebnis erzählt nämlich auch Taff ein paar Mal: „Wir laufen wie üblich so dahin, wie Esel vor dem Karren, als unter mir und Scott der Boden nachgibt. Plötzlich schwingen wir frei in der Luft wie Glocken im Kirchturm. Unter uns Tiefe, nichts als unendliche blauschwarze, eisige Tiefe. Wir sind in eine Gletscherspalte gestürzt. Wie wir so an den Leinen baumeln, angehängt am Schlitten, den William über uns mit Skiern sichert, kann sich erst Scott, dann ich am

Rand der Spalte festkrallen. Mein ganzes Leben läuft vor mir ab. Der arme William ist am Ende seiner Kräfte, als er zuerst Scott und dann mich herauszieht. Mann, war das knapp! Wenn das nicht geklappt hätte, wo wären wir jetzt? Wenn der Schlitten über der Spalte nicht gehalten hätte ..."

Taff hat erfahren, wie dünn der Faden ist, an dem sein Leben an diesem Ort hängt, und niemand würde einen Grabstein setzen. Er ist nachdenklicher geworden.

Scott ist nicht lange zurück, da tauchen im Januar 1904 gleich zwei Schiffe im McMurdo-Sund auf. Diesmal ist die Botschaft eindeutig: Alle Männer kehren zurück, auch wenn dafür die *Discovery* aufgegeben werden muss! So niedergeschlagen wie in diesen Tagen habe ich Scott noch nie erlebt. Es ist klar: Wenn er als Kapitän sein Schiff verliert, würde das seinem Ruf eine üble Kerbe schlagen. Doch dieses Mal ist das Glück auf seiner Seite: Anfang Februar teilt sich das Eis tatsächlich wie seinerzeit das Meer vor Moses. Im September 1904 sind wir wieder in England zurück. Obwohl wir aus der Kälte kommen, ist unsere Haut wie getrocknetes Mahagoniholz. Das Staunen ist groß.

Bekannte nördliche Welt

Wie kommt man mit dem Schiff von Europa nach Asien? Die Antwort lautete vor hundert Jahren immer noch: auf großen Umwegen. Entweder musste man um Afrika herum – seit 1869 durch den von dem Franzosen Ferdinand Lesseps (1805–1894) gebauten Suezkanal – und dann Indien umfahren. Oder man umrundete Amerika im Süden, also das gefährliche Kap Hoorn, wobei ab 1905 die USA anfingen, den heutigen Panamakanal zu bauen, und damit den Weg entscheidend verkürzten. Die allerkürzeste Strecke wäre aber die durch die Nordwestpassage, also nördlich an Amerika vorbei. Doch spätestens seit der Expedition von John Franklin (1786–1847), die 1848 mit Mann und Maus im Eis verschwand, wusste man, dass dieser Weg sich nie lohnen würde. Trotzdem blieb die riesige Arktis eine Herausforderung für die Herrschaftsansprüche der Industriestaaten und für den Abenteuergeist tollkühner Männer.

Peary und Cook im Kampf um den Nordpol, witzigerweise auch mit Pinguinen, dargestellt in einer französischen Illustration von 1909

Der herausragende unter diesen war Fridtjof Nansen (1861–1930). 1888 wagte der Norweger etwas Besonderes: Mit einer kleinen Gruppe durchquerte er die Insel Grönland mit ihren gewaltigen Eismassen. Proviant und Ausrüstung zogen sie auf eigens konstruierten Schlitten hinter sich her und sie liefen auf Skiern. Dass ein solches Unternehmen gelingen konnte, erstaunte die Welt. Es erstaunte auch den jugendlichen Roald Amundsen, der Nansen nach dessen Heimkehr begeistert zujubelte. Amundsen plante danach etwas noch Unglaublicheres: Weil er in Grönland erkannt hatte, dass sich das Packeis mit den Winden über das ganze Polargebiet bewegt, wollte er ein Schiff darin festfrieren und sich treiben lassen, möglichst bis zum Nordpol. Den erreichte er zwar nicht, doch er konnte mit dieser Expedition zeigen, dass es weit um den Nordpol herum nichts anderes gibt als endloses Packeis. Eigentlich war damit das Interesse an dieser Gegend verloren, jedenfalls das der großen Industriestaaten. Denn wo kein Land ist, gibt es auch keine Bodenschätze. Was blieb, war die Ehre, als erster Mensch den Nordpol zu erreichen, was auch den Eigenbrötler Amundsen anzog. 1909 behaupteten dann nacheinander die beiden Amerikaner Frederick Albert Cook (1865–1940) und Robert Edwin Peary (1856–1920), den Nordpol als Erste erreicht zu haben. Das bezweifelten damals schon die Experten, darunter auch Amundsen, doch hatte der nördlichste Punkt der Erde damit sofort seine Anziehungskraft eingebüßt.

Von der Arktis in die Antarktis

Erzähle ich das alles? Erzähle ich das wirklich alles? Auf jeden Fall stehen alle gebannt an der Theke und hören zu. Nur manchmal geht einer schnell zur Tür, kommt zurück und sagt: „Es schneit noch."

Ich denke daran, wie es mir nach der Expedition mit der *Discovery* ging. Als einer von vielen einer der Ersten gewesen zu sein – davon lässt sich nicht leben. Wenn, dann muss man der Erste sein. Scott geht es da ganz ähnlich wie mir, außer dass er von einem Landsitz für seinen Lebensabend träumt und ich von einer Kneipe. In gewisser Weise ist Scott immerhin schon der Erste gewesen, weil noch niemand die Antarktis so weit erkundet hat. Er wird zum Fregattenkapitän befördert und er wird wirklich ein bisschen berühmt, hält viele Vorträge und Lesungen, um damit Geld zu verdienen. Schließlich schreibt er ein Buch über die Reise, das in den höchsten Tönen gelobt wird. Dann fährt er als Kapitän wieder zur See und ich folge ihm. Trotzdem bleibt er in der britischen Gesellschaft auf einer unteren Stufe. Er müsste schon in den Adelsstand erhoben werden und das ginge nur, wenn er ein bestimmtes Ziel erreicht: der erste Mensch am Südpol zu sein.

Auch ich werde befördert. Ich erhalte mehr Sold und muss mich nicht mehr von jedem kommandieren lassen. Immer wieder wechsele ich in Scotts Schlepptau die Schiffe, von der *Victorious* zur *Albemarle*, zur *Essex*, zur *Bulwark* ...

Plötzlich ruft Howard mir zu: „Mann, Tom, erzähl doch mal richtig! Du sollst hier keine Schiffslisten erstellen! Wie war das denn jetzt mit dem Südpol?"

Da mischt sich meine Frau Ellen ein. Sie ergreift gern das Wort und ich lasse sie. Sie hilft mir und erzählt meine Geschichten eigentlich besser als ich.

Sie sagt: „Lass du den Tom in Ruhe! Sei froh, wenn er mal erzählt! Wer nicht weiß, was vorher war, kapiert das Nachher nicht. Zum Südpol gehören nämlich zwei. Und da war noch ein anderer, der Erster sein wollte: der Norweger Roald Amundsen. Während Tom im Süden mit Scott durch das Eis stampfte, machte Amundsen eine viel größere Reise: Im Juni 1903 bricht er mit der *Gjøa*, einem alten Fischkutter, den er selbst ausgerüstet hat, in die Arktis auf, um nicht mehr und nicht weniger als die Nordwestpassage zu durchfahren.

Die Nordwestpassage! Seit John Franklin* dort die Durchfahrt versuchte und mit seiner ganzen Expedition von 134 Mann verschwand, flüstert man beinahe nur noch von ihr, so gefährlich erscheint sie. Und nun will sie dieser Norweger mit sieben Mann auf einem umgebauten Fischkutter durchqueren!

Dieser Roald Amundsen hat eines früh in seinem Leben beschlossen: Er will Polarforscher werden. Dafür opfert er sein

Leben geradezu auf. Im September kommt er mit seiner *Gjøa* im Norden Kanadas an. Er sichert sein Schiff und baut für den Winter ein eigenes kleines Dorf. Ganz anders als Scott lernt er das Überleben im Eis und er lernt es vor allem von den Eingeborenen, den Eskimos*. Er lebt sogar mit ihnen zusammen. Sie zeigen ihm, wie man den langen Winter in eiskalter, ewiger Nacht übersteht. Amundsen erkennt, wie wichtig ihre Hunde sind, die in der größten Kälte im Freien überleben können. Mit ihrer Hilfe kommt man auf Schlitten schnell vorwärts, und wenn wirklich einmal der Proviant ausgehen sollte, kann man immer noch sie verzehren. Die Eskimos essen sowieso alles Fleisch roh, und zwar aus gutem Grund: So bekommen sie keinen Skorbut*. Sie bringen Amundsen und seinen Männern bei, Iglus zu bauen und Kleider aus Fell herzustellen. Sie zeigen ihnen, wie die Schlitten immer gut gleiten. Wenn es zu kalt wird, muss man auf den Kufen eine Schicht Eis anbringen. Am Ende weiß Amundsen genau, wie man in der Arktis am besten vorankommt: Man lässt seine Ausrüstung auf Schlitten ziehen, und zwar von Hunden, während man selbst auf Skiern mitläuft.

Amundsen in der Arktis: in Fellkleidung und auf Skiern

Amundsen ist ein strenger Herrscher. Er allein behält die Oberhand, dafür sorgt er von Anfang an. Wer sich gegen ihn wendet, den macht er fertig. Trotzdem verlangt er keine hündische Unterwerfung, im Gegenteil. Jeder soll das Gefühl haben, innerhalb seines eigenen Bereichs unabhängig zu sein. So entsteht eine freiwillige Disziplin, die tausendmal mehr wert ist als Zwang. Dadurch gewinnt jeder das Bewusstsein, dass er ein Mensch ist; er wird als Vernunftwesen behandelt, nicht als Maschine.

Zwei Winter bleibt Amundsen bei den Eskimos und findet dann im Sommer beinahe mit Leichtigkeit den Weg nach Alaska. Was vorher so viele Expeditionen mit Schiffen versucht haben, die Durchquerung der Nordwestpassage, schafft er mit sieben Mann in einem Boot.

Danach ist Amundsen berühmt. Doch er ist noch lange nicht am Ziel seiner Träume. Mit der vielen Erfahrung, die er mit der *Gjøa* gesammelt hat, kann er nun die ganz große Reise planen, nämlich zu dem Fleck, der den ersten Punkt der Erde bestimmt: den Nordpol. 1908 gibt er seinen Plan bekannt. Vier bis fünf Jahre will er diesmal ein Schiff im Packeis festfrieren und driften lassen. Den Pol würde er sozusagen nur nebenher erreichen. Beginnen soll die eigentliche Reise im Norden Alaskas, weshalb Amundsen erst um das Kap Hoorn steuern will, um dorthin zu gelangen.

Für seine Expedition hat er die *Fram* bekommen. Dieses Schiff hat Fridtjof Nansen für seine Fahrten im Eismeer bauen las-

Roald Engelbregt Amundsen (1872–1928), norwegischer Polarforscher

sen, der berühmte Nansen, der es eigentlich selbst noch einmal für eine große Expedition nutzen will. Aber nach der Unabhängigkeit Norwegens ist er als Botschafter seines neuen Landes zu sehr beschäftigt und inzwischen vielleicht auch schon zu alt. Im September 1909 überschlagen sich Meldungen, die für Amundsens Pläne der Todesstoß sind: Sowohl der Amerikaner Frederick Albert Cook* als auch sein Landsmann Robert Edwin Peary* behaupten, die Ersten am Nordpol gewesen zu sein. Zwar erklärt Amundsen öffentlich, das würde seine eigenen Pläne nicht beeinträchtigen, doch sieht er die Probleme, weitere Spendengelder aufzutreiben. Für die breite Masse gilt die Arktis nun als erforscht, zumal es dort, wie von Nansen bewiesen, wirklich nur Eis und Schnee gibt, kein festes Land.

Um noch einmal in den eisigen Gebieten der Erde etwas ganz Großes zu leisten und Erster zu sein, muss er eine andere Richtung einschlagen, die entgegengesetzte. Zu seinem neuen Ziel macht er den Südpol, und zwar heimlich. Ebenfalls im September 1909 verkündet nämlich Toms Vorgesetzter, Robert

Falcon Scott, der ganzen Welt, dass er noch einmal in die Antarktis aufbrechen und den Südpol erobern will. Amundsen geht nun ausgesprochen taktisch vor. Um sich seinen Erfolg am Südpol zu sichern, lässt er Scott in dem Glauben, er würde als Einziger eine solche Expedition planen. Er fürchtet wohl, die Briten könnten ihre Expedition viel schneller ausgerüstet haben als er, der aus einem kleinen Land armer Leute kommt. Gewissenhaft geht Amundsen vor und verwischt alle Spuren, aus denen Verdacht zu schöpfen wäre. Warum lässt er etwa in seinem Garten ein Holzhaus bauen, mit Küche und Kojen, wenn er doch sein Schiff im Packeis driften lassen will? Warum bestellt

Robert Falcon Scott (1868–1912), britischer Marineoffizier und Polarforscher

er schon Eskimoanzüge, die er doch auch in Alaska besorgen kann – warum sogar 100 Grönlandhunde, die sein ganzes Schiff in Beschlag nehmen und mit denen er zweimal den Äquator überqueren muss, da doch die Fahrt um die Südspitze Amerikas führen würde? Ganz wenige weiht er ein, keinen von der einfachen Mannschaft. Er ist ein Meister der Planung und plant auch die Täuschung perfekt. Nichts überlässt er dem Zufall.

In die *Fram* lässt er einen der neuen Dieselmotoren einbauen, die anders als die Dampfmaschine sofort volle Leistung geben können, was beim Steuern im Packeis wichtig ist. Auch lässt er zur einfacheren Bedienung die Takelung* umbauen. Die Skier lässt er eigens anfertigen, und zwar lang und schmal, um möglichst über alle Eisspalten hinwegzukommen, dazu aus Hickoryholz, das stark und elastisch ist. Besonders über die Bindung macht er sich Gedanken und entscheidet sich für eine der neuen Fersenbindungen, schon um die Füße bei den eisigen Temperaturen beweglich zu halten.

Am 7. Juni 1910 um Mitternacht stiehlt sich Amundsen mit der *Fram* aus dem heimatlichen Fjord hinaus. Die Mannschaft verhält sich unruhig und mürrisch. Die Männer spüren, dass etwas mit dieser Fahrt nicht stimmt. Aber das werden sie erst erfahren, wenn Amundsen sozusagen in Sicherheit ist und niemand ihn mehr aufhalten kann.

Nach drei Monaten schleppend langsamer Fahrt geht die *Fram* in Madeira vor Anker. Hier wartet Amundsens Bruder Leon, der das Schiff mit Wasser, frischen Lebensmitteln und zwei geschlachteten Pferden für die Hunde versorgt. Erst als die *Fram* wieder zum Auslaufen bereitliegt, stellt sich Amundsen an Bord auf, neben sich eine Karte der Antarktis: Ohne Umschweife erklärt er den Männern, wohin die Reise in Wirklichkeit geht. Jeder könne entscheiden, ob er das Schiff nun verlassen will. Die Rückreise werde bezahlt. Den Männern wird schwindelig, so als wären sie betrunken. Kann man denn plötzlich plus zu minus machen, oben zu unten? Man kann! Keiner geht von Bord. Olav Bjaaland, ein Skirennläufer, bricht das Schweigen und ruft: „Hurra! Wir sind die Ersten!" Schnell werden noch die letzten Briefe an daheim abgeändert, dann nimmt das Schiff schon Fahrt auf. Den 19 Männern kommt es vor wie ein Neubeginn. Sie tollen an Bord herum und das dürfen nun auch die Hunde, die alle losgebunden und nicht mehr angekettet werden. Sie sind der schönste Zeitvertreib, besonders die vielen Welpen, die bald geboren werden."

„Auch ich muss jetzt mal was gebären", ruft Howard und geht schnell aus dem Raum. In der Tür ruft er noch: „Hier werden die Männer sowieso zu Frauen!"

Am Tresen brummeln die Gäste vor sich hin. Es war ihnen nicht recht, dass Ellen einfach erzählt hat. Aber nun ist sie auch schon wieder still. Sie nickt mir zu.

Ich bin ganz in meinen Gedanken gefangen und überlege. Auch wir haben ja mit Ziel Antarktis die Insel Madeira angelaufen, auf der *Terra Nova,* und wir sind schon drei Wochen vorher abgereist. Nur wussten wir selbst noch nichts von Amundsens Unternehmen. Wir wussten nur, wie heilfroh wir sein würden, endlich die Enge unseres Schiffs verlassen zu können. Bei uns an Deck herrschte keine so gute Stimmung.

Unbekannte südliche Welt

In Europa gab es seit der Antike die Vorstellung einer „unbekannten südlichen Welt", einer *terra australis incognita*. Danach wurde später der Erdteil Australien benannt, der eigentlich eine riesige Insel ist. Man glaubte, dass die große Landmasse im Norden mit Asien und Europa ein Gegengewicht im Süden haben müsse. Diese Vorstellung

James Cook (1728–1779), der berühmteste und einflussreichste britische Seefahrer und Entdecker

konnte als Erster James Cook (1728–1779) widerlegen, der auf seiner zweiten Reise in die Südsee in den südlichen Polarkreis eindrang und dort auf nichts als Packeis stieß, also auf unbewohnbares Gebiet.

Anschließend waren es die Wal- und Robbenfänger, die auf der Suche nach Beute immer weiter nach Süden vordrangen. Ihre Berichte spornten wieder die Forscher an, die Antarktis weiter zu erkunden. Bis zur Mitte des 19. Jahrhunderts war dann erwiesen, dass sich im Mittelpunkt des antarktischen Packeises doch Festland befindet. Dieses betrat 1895 zum ersten Mal der Norweger Carsten Borchgrevink (1864–1934), der dort vier Jahre später auch zum ersten Mal mit einer Gruppe Menschen überwinterte. Von dieser Zeit an galt die Antarktis als letztes Gebiet der Erde, das noch zu „erobern" war. Besonders die Briten versuchten damit, nationale Größe zu zeigen. So gelang es Scott auf der *Discovery*-Expedition, sich dem Südpol bis auf weniger als 1.000 Kilometer zu nähern, wobei er jedoch das Leben seiner Männer aufs Spiel setzte.

Davor schreckte 1909 Ernest Henry Shackleton (1874–1922) zurück, als er auf der *Nimrod*-Expedition (1907–1909) bis auf 180 Kilometer an den Südpol herankam. Weil er sich bewusst war, dass er den Pol wahrscheinlich erreichen würde, das Ausgangslager aber nicht mehr, kehrte er um – eine bewundernswerte Entscheidung. Dazu ist Shackletons Ausspruch überliefert: „Besser ein lebender Esel als ein toter Löwe!" Seine Expedition ebnete den Weg für Scott. Dieser war überzeugt, dass Shackleton nur besser hätte planen müssen, um den Südpol sicher zu erreichen.

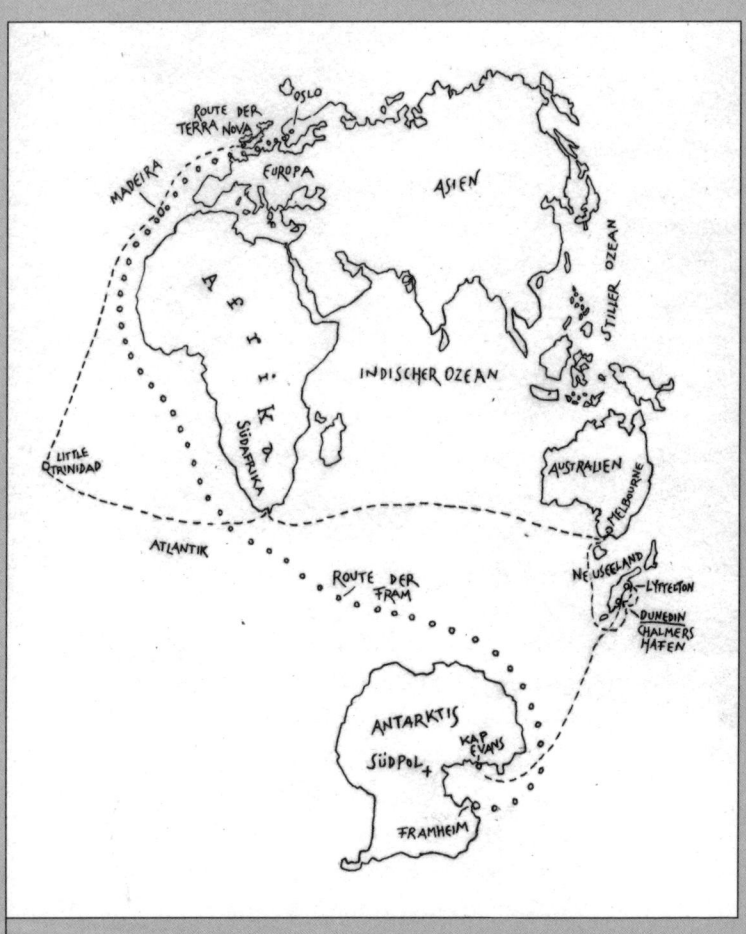

Scotts und Amundsens Routen in die Antarktis

Zum Triumph in die Antarktis

Unser Schiff, die *Terra Nova,* ist nicht nur bis auf den letzten Platz besetzt – es gibt sogar mehr Männer als Plätze. Wir sind über 60 Mann an Bord. Deswegen müssen wir einfachen Leute uns die Hängematten zum Schlafen teilen. Kommen die einen von der Wache zurück, müssen sie zum Schlafen die anderen erst aus der Hängematte werfen.

Uns ist zur Abfahrt viel Stolz und Zuversicht mitgegeben worden, auch Übermut. Das Britische Empire versteht sich ja auf so etwas. Als wir in Cardiff ablegen, ist die ganze Stadt auf den Beinen. Zu Tausenden schreien die Menschen, als ob sie von

Die *Terra Nova,* britischer Walfänger und Forschungsschiff

Sinnen wären. Man lässt sogar Güterwagen über Knallkörper laufen und in diesen Lärm mischen sich die Sirenen von Hunderten von Schiffen. Die Stimmung ist aufgesetzt, das spürt jeder, auch deswegen ist sie von Anfang an nicht so gut. Wir handeln wie Schauspieler in einem Theaterstück für den Ruhm Großbritanniens. Scott hat vorher öffentlich verkündet: „Das Hauptziel der Expedition besteht darin, den Südpol zu erreichen und sicherzustellen, dass die Ehre dieser Leistung dem Britischen Empire zufällt." Doch unser Expeditionsleiter geht zunächst wieder von Bord. Er will noch bei seinem Sohn bleiben und kommt mit dem Postschiff nach.

Inzwischen kenne ich diesen Scott ja sehr gut. Er ist auf der Suche nach neuen Herausforderungen. Er stammt aus der englischen Mittelschicht. Sein Vater konnte von seinem Erbe leben und seine Kinder von Gouvernanten erziehen lassen. Schon als Jugendlicher hat Scott eine Karriere bei der Marine begonnen, wo alles über strenge Gesetze und Befehle läuft und über Beziehungen. Die sind aber bei Scott nicht gut genug. Das Vermögen der Familie ist bald aufgebraucht, der gesellschaftliche Stand wackelt. Scott kann inzwischen nicht weiter aufsteigen. Außerdem sind seine Fähigkeiten doch beschränkt, habe ich gehört. Allerdings ist Scott ungemein ehrgeizig und er kann Leute begeistern. So hat er es zu einem einigermaßen bedeutenden Polarforscher gebracht, dem nun die wichtigste Rolle übertragen ist: Das Britische Empire betrachtet die Antarktis als ureigenes Forschungsgebiet.

Als müsste Scott in seinem Leben alles geregelt haben, ehe er es am Südpol auf den Höhepunkt führt, hat er geheiratet und gerade einen Sohn bekommen. Seine Frau Kathleen ist ziemlich extravagant. Sie will einen Helden zum Sohn und dazu braucht sie natürlich erst einmal einen Helden als Vater.

Als wir am 12. Oktober in Australien ankommen, bessert sich die Stimmung nicht entscheidend. Etwas geht vor und wir wissen nicht, was: Scott strahlt keinerlei Zuversicht aus, wie sich das für den Kapitän gehören würde. Als wir die *Terra Nova* in Neuseeland mit allem Notwendigen bestücken, sickert auch zu uns durch, was Scott schon seit Wochen quält: Auch Amundsen ist auf dem Weg in die Antarktis und der kann nur ein Ziel haben: unseres.

Als wir Neuseeland am 29. November 1910 verlassen, platzt unser Schiff schier aus allen Nähten. Zu drei Motorschlitten, die das halbe Deck zustellen, kommen noch 33 Hunde und 19 Ponys. Leider stehen die Pferdchen über unserer Mannschaftskabine, in die es deswegen immer wieder gelb heruntertropft. Hunde, Ponys und Motorschlitten, so will Scott den Südpol erreichen. Mit diesen drei Transportmitteln will er so weit wie möglich in Richtung Süden vordringen und Vorratslager anlegen, um dann den Rest des Weges zu Fuß zu marschieren. Wir sind wirklich mit allem ausgestattet. Doch genau das wird uns beinahe zum Verhängnis, als wir in einen Sturm geraten. Das Schiff schlingert so sehr, dass zwei Ponys und auch zwei Hunde sterben. Ständig schwappt Wasser über Bord. Ich bin nicht der Einzige, der flucht, was das Zeug hält, vor allem weil an Bord die verdammte Pumpe nicht funktioniert und das tief liegende Schiff allmählich volläuft. Inmitten der verzweifelten Versuche, den Kahn über Wasser zu halten, ruft mir William Lashly zu, der als Heizer auch wieder dabei ist: „An alles ist gedacht worden, aber nicht daran, das Sch...-Gerät zu kontrollieren, das uns im Notfall über Wasser hält."

Wir überleben wohl nur, weil der Zweite Offizier des Unternehmens, Edward Evans, die Pumpe wieder zum Laufen bringt und der Sturm sich dann legt. Diesen Evans mag ich. Er spricht mit uns.

Anfang Januar gehen wir im McMurdo-Sund vor Anker, in der Nähe von Hut Point, unserem früheren Winterquartier bei der *Discovery*-Expedition, das uns diesmal durch Eis versperrt ist. Schnell bauen wir unsere Winterstation, ein richtiges Haus von 15 Metern Länge, das eingeteilt ist in einen Raum für die Offiziere und einen für uns Mannschaften. Scott benennt den Ort, der auch unser Basislager wird, nach seinem Zweiten Offizier: Kap Evans. Vielleicht möchte er so ausschließen, dass dieser Evans ihm nachher die Ehre streitig macht.

Gleich in den ersten Tagen sollen die Motorschlitten ausprobiert werden, die Scott für ein Heidengeld extra hat bauen lassen. Sie sollen über drei Tonnen Gewicht sieben Kilometer in der Stunde weit ziehen, sodass schnell das Ross-Schelfeis überwunden wäre. Als wir den dritten Motorschlitten auf eine Eisscholle neben das Schiff gehievt haben, hat es angefangen zu tauen. Statt aber den Motorschlitten wieder hochzuhieven, gibt Scott den Befehl, ihn rasch an Land zu ziehen. Da bricht das Eis. Der Schlitten neigt sich und wir halten die Seile fest, auch als er weiter kippt. Im letzten Augenblick lasse ich erst los, um nicht mit in die Tiefe gerissen zu werden. Lautlos verschwindet das teure Gerät im eiskalten Meereswasser.

Basislager der *Terra-Nova*-Expedition am Kap Evans. Die Unterkunft ist als *Scott's Hut* noch heute nahezu unversehrt erhalten.

„Spinnst du!", sagt William Lashly zu mir. „Wegen anderer Leute Fehler musst du doch nicht auch auf den Grund sinken!" Scott gibt keinem die Schuld. Er trägt sie. Doch er kann sich sagen, dass ja zwei Motorschlitten in Sicherheit gebracht sind. Um seine Pläne scheint er deswegen nicht zu fürchten.

In diese Pläne sind wir gar nicht eingeweiht. Trotzdem ist uns längst klar, wie Scott vorgehen wird. William sagt es mir: „Manchmal kommt mir der Scott vor wie die Dampfmaschine, die ich zu bedienen habe. Sie macht nur das, was sie kann. Scott macht nichts anderes, als Shackleton nachzumachen. Nur was ist, wenn der Heizer ausfällt?"

Ich brauche ein wenig, um zu begreifen. Wenn Shackleton es vor einem Jahr fertigbrachte, mit seiner *Nimrod*-Expedition* bis auf ein paar Kilometer an den Südpol heranzukommen, was muss Scott da anderes tun, als in seine Fußstapfen zu treten und, besser ausgerüstet, die paar fehlenden Kilometer weiter zu gehen? Was Amundsen vorhat, wissen wir nicht, fürchten aber, dass er Scotts Plan durchschaut.

Tatsächlich hat unsere Expedition nicht nur das Ziel, den Südpol zu erreichen. Auch die Antarktis soll weiter erforscht werden. Deswegen hat die *Terra Nova* weitere Männer mit an Bord, die im Osten und Norden abgesetzt werden sollen, um dort den Winter zu verbringen und danach diese Gegenden zu erkunden. Dummerweise wirbeln im Osten des Ross-Schelfeises Eisschollen im Meer und das Schiff kommt nicht an das

Land heran. Die *Terra Nova* macht kehrt, fährt an der Eisbarriere entlang und plötzlich sehen die Männer ein Schiff – an diesem entlegensten Ort der Welt, wo es kein menschliches Leben gibt, keine Zivilisation, nur Eis. Dieses andere Schiff sieht aus wie eine schwimmende Badewanne. Es ist die *Fram*. Wie fluchen da die Männer an Bord! Hier also hat sich Amundsen versteckt, an der Abbruchkante des Ross-Schelfeises, wo er einen Aufstieg gefunden hat! Er baut dort eine gute Strecke vom Meer entfernt eine Hütte, zu der schon eine Art Straße führt, die über eine ausgetretene Rampe zu erreichen ist. Wieder steht im ewigen Eis ein kleines Dorf. Die *Fram* ist schon fast entladen.

Beide Parteien besuchen sich gegenseitig auf ihren Schiffen. Freimütig plaudert Amundsen heraus: Sein Ziel ist der Südpol. Alles andere ist nebensächlich. Die beiden Gruppen belagern sich in einer Art Kleinkrieg. Jeder will vom anderen wissen, wie er genau vorgehen wird, obwohl das im Fall von Amundsen eigentlich klar ist. Nach seiner ganzen vorangegangenen Geheimnistuerei muss er sich nun nicht mehr verstellen: Er baut seine Winterhütte auf dem Ross-Schelfeis und geht davon aus, dass es stabil bleiben wird. Von diesem Punkt ist er dem Pol um über 100 Kilometer näher als wir am McMurdo-Sund. Er wird bis zum Winter Proviantlager anlegen und dann im Sommer auf schnurgerader Linie zum Pol marschieren, immer am selben Längengrad entlang. Seine Schlitten lässt er von Hunden ziehen, die ihm zugleich als lebender Proviant dienen. Die Männer selbst werden auf Skiern laufen. Was die Männer von der *Terra Nova* wohl am meisten beeindruckt, ist die Entschlossenheit der Norweger. Sie sind siegesgewiss.

Trotzdem legt keiner seine Karten ganz auf den Tisch. Alle sind perfekt diplomatisch: Man bleibt zwar höflich, verflucht den anderen aber innerlich und versucht, dessen wirkliche Pläne und Schwachstellen aufzuspüren. Vor allem geht es um die Frage, wer bereits wie weit mit seinen Vorbereitungen ist. Amundsen sorgt sich vor allem wegen der Motorschlitten der Briten, deren Nutzen er nicht einschätzen kann. Sie allein haben vielleicht so viel gekostet wie seine gesamte Ausrüstung. Ob sie wohl laufen, fragt er und erhält die doppeldeutige Antwort: Einer ist bereits auf Festland. Amundsen muss das so verstehen, als hätte Scott mit den Motorschlitten bereits das Schelfeis hinter sich gebracht. Umso mehr will er sich beeilen.

Selbstverständlich macht die *Terra Nova* noch einmal am Kap Evans halt, um uns die schlechte Nachricht zu überbringen, doch weil die Besatzung niemanden antrifft, hinterlässt sie nur einen Postsack und fährt endgültig davon. Wir alle sind in der Zwischenzeit damit beschäftigt, so weit wie möglich nach Süden vorzudringen, um Depots anzulegen, vor allem ein Ein-Tonnen-Depot, das so viele Vorräte enthalten soll, wie sein Name sagt. Leider machen auf dem Weg die Ponys schlapp. Deswegen entscheidet sich Scott, das Ein-Tonnen-Depot nicht ganz so weit im Süden anzulegen und zur Rettung der Tiere umzukehren. Nun liegt es nur 240 Kilometer von Kap Evans entfernt und nicht fast 300, wie geplant. Rittmeister Oates, der für die Pferde zuständig ist, rät entschieden davon ab. Er schlägt vor, die ausgelaugten Geschöpfe noch so weit wie möglich südwärts zu treiben und sie dann zu schlachten, um über zusätzlichen Proviant zu verfügen. Das bringt Scott nicht übers Herz. Es soll laut zwischen beiden geworden sein, wie ich höre. Ich selbst bin da schon wieder auf dem Weg zurück nach Kap Evans. Als sie schließlich nach Hut Point kommen, hat nur ein einziges Pony überlebt.

Was Scott hier erwartet, ist der Postsack der *Terra Nova*, den wir inzwischen von Kap Evans mitgebracht haben. Vielleicht ahnt Scott, was für ein Schreiben da für ihn liegt. Aber wie es seine Art ist, lässt er uns dessen Inhalt nicht sehen. Er zieht sich in ein Zelt zurück, um die Post zu lesen. Ich sehe, wie William zugleich Augenbrauen und Mundwinkel hochzieht. Als Scott aus dem Zelt kriecht, ist ihm die Erschütterung ins Gesicht geschrieben. Er berichtet kurz von Amundsens Anwesenheit und seinen Plänen. Was ist daraufhin los! Einige schwingen die Fäuste, auch Taff, andere fluchen, sogar Offiziere! „Der hat nicht das Recht dazu", höre ich, „er ist hinterhältig, unsportlich!"

Wer schweigt, ist Oates. Er starrt in den Himmel, an dem die Sonne ihre Bahn zieht und zu dieser Zeit nicht untergeht. Ich weiß, was er denkt: Amundsen hat um sein Vorhaben kein Trara gemacht. Er kommt uns nicht in die Quere. Die Antarktis gehört nicht Scott. Und ich sehe in Williams Gesicht, dass er genauso denkt.

Scott steht in den nächsten Stunden neben sich. Zweiter am Südpol zu sein, würde die ganze Expedition wertlos machen. Schließlich tritt das zivilisierte britische Empire gegen einen Haufen armseliger Norweger mit Hunden an. Noch am nächsten Morgen ist Scott so aufgewühlt, dass er herausschreit: „Beim Zeus! Welche Chance haben wir verpasst – wir hätten Amundsen ergreifen und auf seinem Schiff zurückschicken sollen!" Aber er merkt wohl selbst, wie peinlich und hilflos das wirkt. So verkündet er schließlich, alle Pläne sollen so durchgeführt werden, als wäre nichts geschehen. Nur wissen wir bis dahin noch immer nicht, welche Pläne Scott eigentlich hat.

„Hey, was erzählt ihr da?", ruft Howard, als er wieder zum Tresen kommt. „Wartet auf mich, ich will die ganze Geschichte hören. Hast du weitererzählt, Tom? Das ist nicht fair."

„Lass ihn Luft holen, Howard!", unterbricht ihn der alte Bill. „Trink dein Bier! Was hat denn eigentlich der andere in der Zwischenzeit gemacht?"

Bill spricht mich an und ich weiß gerade gar nicht, was er meint. Da redet Ellen weiter, ohne mich anzusehen. Sie kennt meine Geschichte und auch die Geschichten, von denen man nur hört. Die von Amundsen habe ich nie genau verstanden.

„Bei Amundsen sieht das ganz anders aus! Seine Leute wissen genau, was er will: Er bespricht seine Pläne mit ihnen, von Mann zu Mann, nicht von Offizier zu Bootsmann oder sogar von Offizier zu Rittmeister zu Bootsmann. Wenn ich nur höre, wie genau Amundsen geplant hat! Seine Ideen sind wie ein böses Omen für Scotts Vorgehen."

„Was ist hier los?", unterbricht Howard. „Wieso erzählt hier wieder eine Frau? Du warst doch gar nicht dabei, Ellen!"

Andere Männer stimmen ihm brummend zu.

Doch sofort erwidert der alte Bill: „Erzähl mal weiter, Ellen! Tom war bei Amundsen ja auch nicht dabei."

Ellen fährt fort. Sie hilft mir, wo es geht.

Eis auf Wasser und Eis auf Land

Die beiden Polgebiete haben gemeinsam, dass bei ihnen die Sonne wegen der Kugelform der Erde nur tief am Himmel steht, wobei sie wegen der Neigung der Erdachse im Sommer nicht untergeht und umgekehrt im Winter gar nicht erst aufgeht. Es ist dort ständig kalt, im Winter extrem kalt. Daher bedecken riesige Eismassen die beiden Gebiete. In der Arktis schwimmt dieses Eis aber nur auf dem Meer, in der Antarktis lagert es auf Land. Während der Nordpol also auf einem von Eis bedeckten Meer liegt, dem Nordpolarmeer, erhebt sich der Südpol auf einem von Eis bedeckten Kontinent, der größer ist als Europa. Nimmt man die Masse des Festlandes als Maßstab, wäre die Antarktis sogar der zweitgrößte Kontinent der Welt, denn sie ist überaus bergig. Während das Eis der Arktis höchstens bis zu vier Meter dick wird, ist das der Antarktis am Südpol fast 2.000 Meter dick, an anderen Stellen sogar bis über 4.000 Meter. Dieses Eis wandert in Form von Gletschern ins Meer und füllt wie beim riesigen Ross-Schelfeis ganze Meeresbuchten aus. Weil Schnee und Eis das meiste Sonnenlicht ins Weltall zurückwerfen und seine Wärme nicht speichern können, bleibt es in den Polargebieten auch im Sommer kalt. Weil aber das Land der Antarktis auch noch hoch aufragt, finden sich dort die kältesten Gegenden der Erde.

Es versteht sich, dass es auf dem gefrorenen Nordpolarmeer kein pflanzliches Leben geben kann. Doch auch auf dem Land der Antarktis ist es kaum vertreten, höchstens in Form von Flechten und Moosen. Das Innere der Antarktis ist sogar frei von Leben. Wegen der enormen Kälte gibt es dort nicht einmal Bakterien.

Das Leben in den Polarregionen spielt sich sozusagen eine Etage tiefer ab: unter Wasser. Es wimmelt von Krill, kleinen Krebsen, an die eine ganze Nahrungskette angeschlossen ist, von Fischen und Vögeln zu Robben und Walen. Alle diese Bestände jagte der Mensch im 19. und 20. Jahrhundert, bis sich der Fang nicht mehr lohnte, weil kaum noch Tiere überlebt hatten. Auch die Expeditionen von Amundsen und Scott bezogen ihre Nahrung zu einem guten Teil aus dem Fleisch der Robben und Pinguine. Allein bei Amundsen betrug das Gewicht der erlegten Seehunde 60.000 Kilogramm. Er musste schließlich über 100 Hunde versorgen.

Am McMurdo-Sund, im Hintergrund der aktive Vulkan Mount Erebus

Der eine und der andere Aufbruch

„Bis zum April haben die Norweger geschuftet wie die Ochsen, wobei es doch heißen müsste: wie die Hunde, nämlich die aus Grönland. Mit ihrer Hilfe ist die gesamte Ausrüstung von der *Fram* zum Hauptquartier auf dem Schelfeis transportiert worden, das Amundsen Framheim nennt, und von dort zu den einzelnen Depots auf dem Weg zum Südpol. Das weiteste liegt sage und schreibe 450 Kilometer von Framheim entfernt. Gefüllt sind die Depots mit Petroleum, Pemmikan, Seehundfleisch und einigen toten Hunden, die ebenfalls als Verpflegung dienen sollen. Die ganze Strecke ist markiert, um ja den Weg nicht zu verlieren. Dazu setzen die Norweger sogar Klippfische ein, gro-

Winterabend in Framheim, dem Basislager der Expedition Amundsens, hier der Dritte von rechts

ße, getrocknete Fischhälften besonders vom Kabeljau. Die stecken sie jeden halben Kilometer in den Schnee. Sie sind leicht zu erkennen und zusätzlicher Proviant für den Marsch.

Wie die Bauern im Winter verschanzen sich die Norweger ab April in ihrem besonderen Heim, das sie zu einer Stadt im Eis ausbauen. Unterirdisch legen sie immer mehr Gänge an, um so vor dem schrecklichen Wetter geschützt zu sein. Sogar eine Schreinerwerkstatt richten sie in einer Eishöhle ein. Ständig sind alle damit beschäftigt, ihre Ausrüstung noch weiter zu verbessern. Die Schlitten werden komplett umgebaut, um sie leichter zu machen, die Zelte neu vernäht und sogar neu eingefärbt – und zwar dunkel, damit sie sich stärker erwärmen, besser zu sehen sind und man im Inneren etwas anderes als das ewige Weiß vor Augen hat. Alles ist zum Abmarsch bereit, als es am Ende des Winters nur noch darum geht, die Rückkehr der Sonne und ihrer Wärme abzuwarten.

Aber Amundsen ist nicht mehr zu bändigen. Der Gedanke lässt ihn nicht los, dass Scott bereits aufgebrochen sein könnte. Sie müssen am Pol die Ersten sein, das sagt er sich, sonst hätten sie ebenso gut zu Hause bleiben können. Also trifft er eine folgenschwere Entscheidung: Der Marsch soll schon mit der Rückkehr der Sonne, am 24. August, beginnen. Doch das Wetter spielt nicht mit. Die Temperatur will nicht über −40 Grad steigen. Als sie das endlich tut, am 8. September, brechen sie tatsächlich auf, acht Mann, nur der Koch bleibt zurück. Zwar geht es anfangs zügig voran, doch bald holt sie die

Kälte wieder ein, die sie im Zelt fast um den Verstand bringt. Die Temperatur sinkt auf −50 Grad und Amundsen beschließt, nach Framheim zurückzukehren. Die Krise ist da. Er hat eine falsche Entscheidung getroffen, die sich nun bitter rächt. Es ist so kalt, dass der Atem in der Luft sofort gefriert. Zwei Hunde legen sich zum Sterben hin und sind sofort steif gefroren. Amundsen gibt den Befehl, die letzten 64 Kilometer bis Framheim am Stück zurückzulegen. Damit ist ein Wettrennen um das eigene Leben eröffnet. Zwei Männer fallen zurück, Hjalmar Johansen und Kristian Prestrud, der am Ende seiner Kräfte ist. Den Tod auf den Fersen, retten sie sich nach Framheim.
Am nächsten Morgen platzt es aus Johansen heraus. Er schreit Amundsen an: ‚Das ist keine Expedition mehr, das ist reine Panik.' Das Schweigen im Raum ist noch eisiger als die Temperatur draußen. Amundsen muss handeln. Öffentlich schließt er Johansen aus der Mannschaft aus, die zum Südpol gelangen soll."

„Uh!", entfährt es da dem alten Bill. „Wie hundsgemein!"
Und ich kann plötzlich nicht anders, als ihm zu entgegnen: „Du kannst dir nicht vorstellen, worauf es bei so was ankommt. Zu dem Zeitpunkt ist Amundsens Führungsrolle gefährdet. Da muss er sich behaupten, sonst hat er schnell keine Macht mehr. Vielleicht ist es nicht nur dort unten so: Im Zusammenleben kann der Mensch wie ein Wolf sein. Wer den Gehorsam verweigert, wird weggebissen."

Ellen sieht mich erstaunt an. Sie weiß, dass ich eigentlich anders denke, aber sie versteht auch, wie es dort unten zugegangen sein muss.

Als ich nichts weiter sage, fährt sie fort: „Amundsen nutzt die Krise jedenfalls und verkleinert die Gruppe auf fünf Mann. Die drei übrigen sollen irgendein anderes Stück Land erforschen. Für den fast 1.500 Kilometer langen Weg zum Pol bedeutet diese Entscheidung mehr Sicherheit, da die Vorräte ja für acht Mann angelegt sind. Außerdem weiß Amundsen nun, dass er wirklich nur diejenigen bei sich hat, die nicht aufmucken werden. Am 20. Oktober 1911 marschiert der Trupp los, das heißt, er fährt los, auf Skiern und mit 52 Hunden vor den Schlitten. Nach einem kurzen Gruß von den anderen, als würden sie nur sagen, bis morgen, rennen die Hunde los, als wäre ihr einziges Ziel, zum Südpol zu gelangen, vor Scott, vor meinem Mann hier."

Ellen schaut zu mir. Sie weiß, wie ich plötzlich wieder in meiner Geschichte lebe.

In vier Gruppen zu je vier Mann

marschieren wir selbst erst am 1. November los, weil die Ponys die schlimme Kälte nicht vertragen können. Sie schwitzen bei der Arbeit, und je kälter es ist, desto schneller wird der Schweiß zu Eis und desto schneller kühlen sie aus. Oates gibt sein Bestes, um die armen Tiere fit zu halten. Aber er hat nun mal den größten Haufen Klepper bekommen, die er je gesehen hat; sagt er zumindest. Darüber hat er sich von Anfang an beschwert. Aber seine Worte verhallen im Wind, weil Scott von Tieren keine Ahnung hat. Er hat darauf bestanden, nur weiße Ponys zu bestellen, weil Shackleton die Erfahrung gemacht hat, dass die am längsten ausgehalten hätten.

Wir können nicht gemeinsam marschieren, weil wir ganz unterschiedliche Transportmittel haben: Ponys, Hunde und Menschen, dazu die Motorschlitten. Die Gruppe mit diesen Maschinen ist schon eine Woche früher gestartet. Wir anderen liefern uns ständig kleine Rennen, wer wen wann einholt. Am besten kommen die Hunde voran, während die Ponys unendlich leiden. Schon nach zwei Tagesmärschen treffen wir auf den ersten defekten Motorschlitten, nach ein paar Tagen auf den nächsten. Die verantwortliche Gruppe um Edward Evans ist zu Fuß weitergezogen. Am meisten ärgert sich Oates, der deswegen an Scotts Fähigkeiten zweifelt. Auch ich höre, wie er einmal zwischen den Zähnen murmelt: „Drei Motorschlitten zu je 1.000 Pfund, 19 Ponys zu je fünf Pfund, 32 Hunde zu je 30 Schilling. Wenn es Scott nicht gelingt, den Pol zu erreichen, geschieht es ihm ganz recht."

Oates versucht alles, um die Ponys irgendwie arbeitsfähig und überhaupt am Leben zu halten. Es ist ein Elend zuzusehen, wie die Tiere nach und nach die Kräfte verlassen. Trotzdem kommen wir ganz gut voran. Scott versucht auf Teufel komm raus, ein Tagespensum zu halten und es möglichst zu übertreffen. Wir versuchen, im Schnitt 24 Kilometer am Tag zurückzulegen, was wir meist gerade so schaffen. Abends kriechen wir alle hundemüde in unsere Schlafsäcke – und stehen jeden Morgen wie gerädert auf. Dabei steht die wirkliche Arbeit noch bevor. Noch ziehen für uns auch die Hunde, die sich hervorragend bewähren. Ihr Anblick spricht eigentlich die ganze Zeit davon, dass Amundsen im Vorteil ist. Doch über ihn wird nicht gesprochen. Trotzdem ist er wie ein Geist die ganze Zeit um uns. Ist es Fluch oder Segen, dass wir nicht wissen, wie er vorankommt?

Thomas Crean und Edgar Evans (Taff) führen im Polarwinter die Ponys aus.

Drei Wochen nach unserem Abmarsch treffen wir auf die ehemalige Motorschlitten-Gruppe. Ich freue mich, William wiederzusehen und auch den Offizier Evans, der mich gleich fragt, wie es geht. „Fit", sage ich und er antwortet: „Hungrig." Am Abend erzählt mir William, wie unglaublich anstrengend das Schlittenziehen ist. Er reißt die Augen auf und sagt: „Die Ponys sind ja bald hin und dann sollen wir es mit den Schlitten bis zum Pol schaffen, bis zum Pol und zurück?" Wir schaffen das, denke ich.

Für uns beginnt mit der Ankunft am Transantarktischen Gebirge die Plackerei. Zwar kennen wir dort den Aufstieg wegen Shackletons *Nimrod*-Expedition, nämlich über den bis zu 30 Kilometer breiten Beardmore-Gletscher, doch müssen wir nun die Stelle der Ponys einnehmen.

Lawrence Oates nimmt kein Blatt mehr vor den Mund und sagt zu mir: „Das ist nun das Ende vom Lied, dass ich vom Ponyführer zum Ponyschlächter werden muss. Aber ich führe diese Aufgabe nicht einmal ungern durch. So sind die Pferdchen endlich von ihren Leiden erlöst." Und mit einem mehrdeutigen Blick auf die Hunde fügt er noch hinzu: „Sie dagegen leisten gute Arbeit."

Ich ziehe mich zurück, als er schießt und schießt und schießt. Nachdem Scott dann die Hunde und ihre Führer zurückgeschickt hat, trifft es bald die dritte Gruppe. Zum ersten Mal zeigt sich unter diesen Männern richtiger Unmut. Sie wollten auch mit zum Pol. Scotts Entscheidungen können richtig willkürlich sein. Ich höre es flüstern, dass etwa Lawrence Oates nur deswegen weiterzieht, weil Scott geknobelt hat, ob er ihn nimmt oder einen anderen.

Fortan sind wir nun zwei Mannschaften mit zwei Schlitten. Ich gehe mit dem Zweiten Offizier unserer Expedition, Edward Evans, dazu mit William Lashly und Henry Bowers. Scott geht mit Edward Wilson, Lawrence Oates und Taff, also Edgar Evans, meinem Kumpel von der *Discovery*-Expedition. Leider läuft nun alles auf ein Wettrennen zwischen unseren beiden Gruppen hinaus. Weil Scott immer noch nicht verkündet hat, wen er mit zum Pol nehmen wird, will sich keiner eine Blöße geben. Und Scott verlangt vollen Einsatz. Wie er das tut und wie das auch alle anderen tun, vergleiche ich den körperlichen Zustand der Männer – und ich erkenne, ich bin einer der fittesten. Selbstverständlich rechne auch ich mir Chancen aus.

In einem Punkt sind wir uns alle einig: Schlitten ziehen bricht einem das Kreuz. Es ist die schlimmste Arbeit, die ich je gemacht habe: 10- bis 15-mal ein verzweifelter Ruck, um den Schlitten überhaupt in Gang zu setzen. Ich habe mich noch nie so verausgabt wie hier.

Nur Scott scheint diese Plackerei sogar noch Spaß zu machen. Ich habe manchmal das Gefühl, es freut ihn, wenn er uns leiden sieht. Unser Offizier Evans will aber unbedingt das Tempo mithalten. Er will auch zum Pol.

Als wir kurz vor dem Ende des Beardmore-Gletschers sind und das Polarplateau vor uns haben, ordnet Scott plötzlich an, dass

wir in unserer Gruppe unsere Skier zurücklassen sollen. Was für eine Stimmung das schafft! Er selbst geht mit seiner Gruppe nämlich auf Skiern weiter.

William sagt mir: „Weißt du, warum er das macht?"

„Ich verstehe es nicht", antworte ich. „Wir kommen doch auf Skiern besser voran."

„Deswegen!"

„Ich verstehe nicht", sage ich wieder.

Da nickt William in Richtung Evans, der vor uns zieht, und murmelt: „Den da will er schwächen."

Wir ziehen wortlos weiter, als plötzlich Evans zu uns nach hinten ruft: „Wir halten trotzdem durch."

Dann lässt sich aber Scotts Entscheidung, wen er mitnehmen wird, nicht länger hinauszögern. Am zweiten Tag im neuen Jahr 1912 ist es so weit. Da betritt am Abend Scott plötzlich unser Zelt. Als ich huste, weil wir gerade rauchen, sagt er zu mir: „Sie haben sich erkältet, Crean."

Doch ich weiß sofort Bescheid und erwidere: „Ich verstehe auch Andeutungen, Sir."

Dann müssen alle bis auf den Offizier Evans das Zelt verlassen.

Als Scott mit ihm geredet hat, dürfen wir wieder in das Zelt kriechen. Scott tritt hinaus, ohne ein Wort zu sagen, und geht zu Bowers. Leichenblass sitzt Evans im Zelt, doch er sagt sofort mit leiser, aber fester Stimme zu uns: „Es tut mir leid, wir müssen zurück, William, Thomas und ich."
Ich bin unglaublich enttäuscht und kann die Tränen kaum zurückhalten. Sogar Evans, obwohl ein Engländer und Offizier, kämpft deswegen nun mit sich. Ihm gelingt das besser als mir, obwohl auch er bis ins Mark erschüttert ist.
William ist gefasster. Er fragt verblüfft: „Nur wir drei?"
„Bowers soll ebenfalls mit zum Pol", sagt Evans.
„Aber es waren doch nur vier vorgesehen!", ruft William laut, sodass es weit zu hören ist.
Evans zieht die Schultern hoch und ordnet seinen Schlafsack. Die Entscheidung ist falsch, das spüren alle, nicht nur wir drei. Bowers selbst scheint sich gar nicht so sehr zu freuen, plötzlich für die Polgruppe ausgewählt zu sein, als auch er wieder zu uns ins Zelt kriecht. Er hat ja im Unterschied zu Scott und den anderen dreien keine Skier mehr. Aber er sagt deswegen nichts.
Unser letzter gemeinsamer Tag bedeutet Knochenarbeit. Scott versucht wieder, seinen Schnitt zu halten oder sogar zu übertreffen. Ich bin nicht der Einzige, der in Gedanken immer wieder vergleicht, wer besser als etwa Oates geeignet wäre. Der hat von der Sache längst genug und kann Scott auf den Tod nicht ausstehen ... oder als Edgar Evans, der gute Taff.

Um Himmels willen: Taff, dieser riesige, stiernackige Mann mit den Urkräften! Der sah in den letzten Tagen so ausgezehrt aus. Außerdem hat sich Taff eine Wunde an der Hand zugezogen, als er mit mir unsere Schlitten umbauen musste. Seinen ganzen Witz hat er verloren. Warum merkt Scott nicht, wie still Taff geworden ist, warum sagt ihm das keiner? Aber niemand traut sich, seine Befehlsgewalt infrage zu stellen!

Am 4. Januar 1912 haben wir also umzukehren, der Offizier Edward Evans, William und ich – nicht einmal 300 Kilometer vor dem Südpol. Die Frustration ist groß, keine Frage. Es ist, als hätte uns jemand kurz vor dem Ziel den Weg versperrt. Als wir noch eine Weile mit Scott und seinen vier Männern gegangen sind, trennen wir uns. Wir versuchen, noch so viel wie möglich untereinander zu reden, weil wir das Gefühl haben, wir könnten uns nicht alle wiedersehen. Ein letztes Mal schütteln wir uns die Hände, sagen *Goodbye* und lassen die fünf

dreimal hochleben. Diesmal kann ich meine Gefühle nicht beherrschen: Ich muss weinen.
Wir sehen zu, wie die anderen in der Ferne immer kleiner werden, vier Mann auf Skiern und zwischen ihnen der kleine Bowers, der zu Fuß versucht, Schritt zu halten. Dann wird uns zu kalt und wir schlagen die entgegengesetzte Richtung ein.
Was wir nicht wissen und was eigentlich auch keine Bedeutung hat: Nur ein paar Tagesreisen weiter östlich befinden sich zur selben Zeit auch die Norweger um Amundsen auf dem Rückweg, und zwar dem Rückweg vom Südpol.

Als hätte Ellen auf ihren Einsatz gewartet, räuspert sie sich, um weiterzuerzählen. Aber Howard fällt ihr ins Wort: „Ellen, lass mal deinen Mann erzählen! Es müssen sich nicht immer die Frauen einmischen."
Da gibt es ein Gejohle. Wie das üblich ist, kommen nur Männer in das Wirtshaus. Die haben sich nun schnell mit Howard verbrüdert, der sich am Tresen festhält und grinst. Da hat er aber nicht mit meiner Frau gerechnet. Sie sieht zu mir herüber und schweigt. Und ich schweige auch.
Doch ehe das Schweigen zur Last wird, ruft schon der alte Bill: „Komm, Ellen, erzähl! Wie hat der Amundsen das gemacht? Wieso hat das bei dem besser geklappt? Erzähl! Du machst das gut. Ihr Frauen könnt sowieso besser reden."
Ellen sieht Howard nicht an, als sie fortfährt. Ich spüle wieder Gläser aus.

Die Finanzierung

Zum Nordpol oder Südpol konnte keiner auf eigene Faust gelangen. Das konnte nur als gut geplantes Unternehmen geschehen, bei dem die Leute aufeinander angewiesen waren. Vor allem musste die Ernährung gesichert sein. Nansen hatte auf seiner Grönland-Durchquerung vorgemacht, wie es ging. Weil für ein solches Unternehmen im Polargebiet ein Schiff nötig war, das die Männer absetzte und wieder aufnahm, dazu Proviant für viele Monate im Eis, außerdem die Ausrüstung mit Zelten, Schlafsäcken, Kleidung, Skiern, Brennstoff und alle möglichen Kleinigkeiten wie Nähnadeln, Schneebrillen und Feuerzeug – kostete eine solche Expedition viel Geld. Das musste besorgt sein.

Doch es war nicht so leicht, Geld dafür aufzutreiben. Schon Nansen hatte gesagt, der schwierigste Teil einer Expedition sei ihre Vorbereitung. Denn Geld bekam keiner, nur weil er als erster Mensch irgendeine unbekannte Schneelandschaft betreten wollte. Am besten nannte man als Ziel die weitere Erforschung der Gegend, so wie Roald Amundsen es tat, als er 1908 seine nächste Fahrt in die Arktis ankündigte: eine umfangreiche Forschungsreise, um die „ozeanischen Verhältnisse zu studieren" und „einige der bisher ungelösten Rätsel zu lösen". Er erklärte „auf das Bestimmteste, dass der Sturmlauf gegen den Pol nicht das Ziel dieser Expedition sein wird". Darauf bewilligten ihm Parlament und König eine große Summe

Geld. Das reichte aber immer noch nicht aus, um das ganze Unternehmen zu bezahlen. Amundsen verschuldete sich, wo er nur konnte. Er sagte sich, nach seinem Erfolg würde ihn keiner auf seinen Schulden sitzen lassen.

Auch Scott musste ununterbrochen für sein Unternehmen trommeln, um genügend Geld zusammenzubekommen. Auch er sprach vor allem davon, von seiner Expedition „die bestmögliche wissenschaftliche Ausbeute nach Hause zu bringen". Trotzdem legte auch er sein ganzes Unternehmen auf ein Ziel an: Den Südpol zu erreichen. Auch Scott drückten die Schulden bis zum Schluss.

Für Scott und Amundsen kam es entscheidend darauf an, dass sich hinterher ihr Erfolg bezahlt machen würde. Schon deswegen wollte jeder von beiden unbedingt den Pol erreichen, und zwar als Erster.

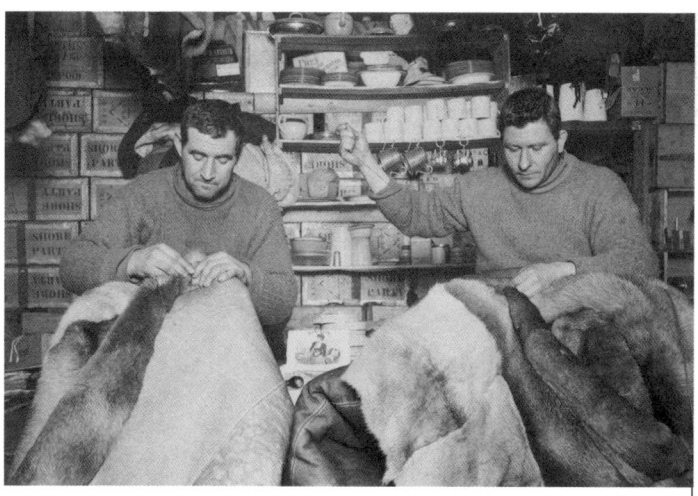

Thomas Crean (l.) und Edgar Evans (Taff) als Schneider beim Umnähen von Schlafsäcken

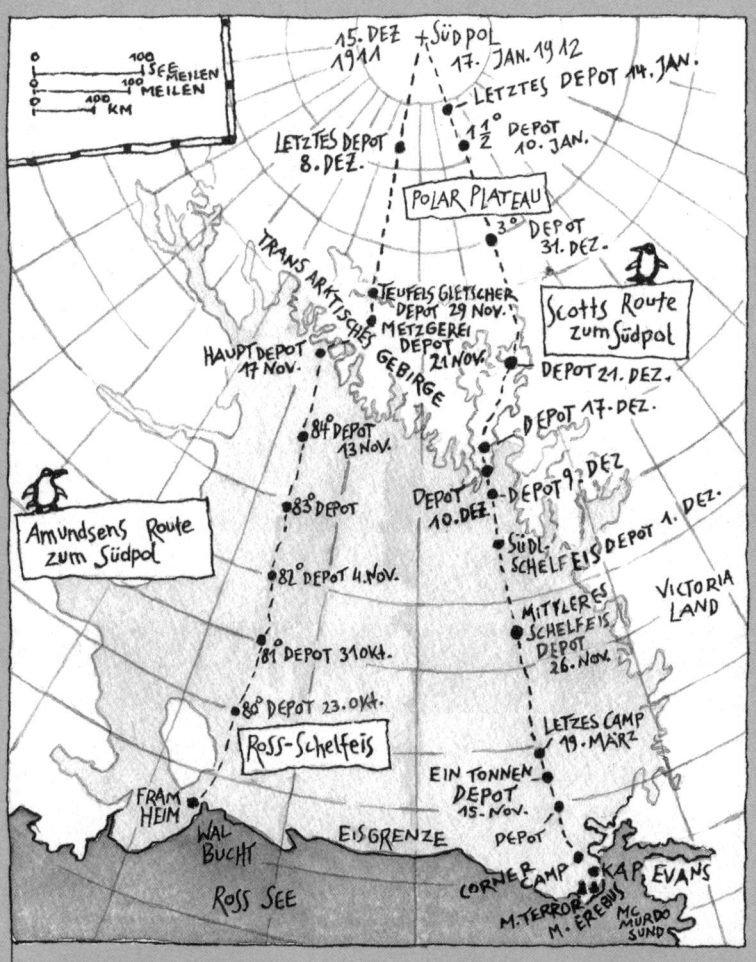

Scotts und Amundsens Routen zum Südpol

Alles wie geplant

Die norwegische Expedition läuft wie ein Uhrwerk. Nichts kann die fünf Männer aufhalten: Roald Amundsen, Helmer Hanssen, Sverre Hassel, Olav Bjaaland und Oscar Wisting, die alle erfahrene Hundeführer, Navigatoren und Skifahrer sind. Aber als wolle ihnen dieser Kontinent den Weg zu seinem eisigen Zentrum verschließen, setzt bald ein gewaltiger Schneesturm ein. Die Männer können sich auf ihren Schlitten kaum sehen und ausgerechnet in diesem Tohuwabohu fällt der voraus-

Amundsen und seine Männer auf der *Fram* (v. l. Sverre Hassel, Oscar Wisting, Raold Amundsen, Olaf Bjaaland, Helmer Hansen)

fahrende Olav Bjaaland auf seinem Schlitten in eine der vielen Gletscherspalten. Die können Hunderte von Metern tief sein und sind oft von Schnee überweht.

Auch die Hunde spüren sofort die Gefahr und krallen sich mit den Pfoten ins Eis, während der 400 Kilogramm schwere Schlitten ruckweise tiefer sinkt. Bjaaland scheinen die Muskeln zu platzen, so muss er gegenhalten. Doch es hilft nichts: Er bewegt sich auf den Abgrund zu. Erst als er schon in die Tiefe blicken kann, ruft er laut: „Jetzt kann ich nicht mehr!" In diesem Moment kommen die anderen hinzu und sichern den Schlitten mit einem Seil. Als wäre es eine Akrobatennummer, die viel Beifall bekommt, reißen sich dann alle darum, den in der Spalte hängenden Schlitten zu entladen, unter sich riesige Eiszapfen und sonst gähnende Tiefe. Alles geht gut. Diese Männer sind furchtlos und ohne Skrupel.

Als hätten sie mit dieser Rettung ein für alle Mal bewiesen, dass nichts sie aufhalten wird, gibt das Wetter nach. Es klart auf und sie kommen geradezu spielerisch voran. Während sich die Hunde in die Riemen legen, sitzen die Männer entweder auf ihren Schlitten oder lassen sich auf Skiern hinterherziehen. Immer wieder machen sie Pausen, um zur Orientierung für den Rückweg Schneewarten zu bauen, insgesamt 150 Stück aus 9.000 Eisblöcken. Bald erreichen sie ihr letztes Vorratslager und fühlen sich schon halb als Sieger. Von nun an würden die Schlitten mit jedem Tag leichter werden, weil sie für den Rückweg wieder Depots anlegen wollen. Nun haben sich auch die ersten Hunde für die anderen aufzuopfern. Sie werden erschossen: Auch sie sind als Proviant für den Rückweg eingeplant.

Nicht lange und sie sehen das Land vor sich, das Transantarktische Gebirge, das sie wie die Seefahrer anzieht. Bis fast 5.000 Meter steigen die Berge auf, leuchtend blau bis pechschwarz, sonst gleißend weiß! Das Land sieht aus wie im Märchen. Niemand hat es vor ihnen gesehen, niemand betreten. Die Norweger wissen nicht, wie sie das Hochplateau erklimmen sollen, auf dem der Pol liegt. Sie müssen eine eigene Route finden. Am Fuß der Berge berechnen sie noch einmal genau ihren Weg. Von dort bis zum Pol und zurück liegen 1.100 Kilometer vor ihnen. Für den Rückweg bräuchten sie nur noch zwölf Hunde. 42 haben sie noch, die alle helfen sollen, es bis auf das Hochplateau zu schaffen. Der Aufstieg ist mühsam, eine Strapaze ohnegleichen. Oft müssen zwei Hundegespanne vor einen Schlitten gespannt werden. Auch die Norweger folgen einem Gletscher, der vom Hochplateau herabfließt und sie wie auf einer Straße nach oben führt. Aber ständig sind sie in Lebensgefahr. Riesige Eisblöcke, ungeheure Abgründe und breite Klüfte versperren ihnen den Weg. Einmal müssen sie alle Hunde zusammen vor zwei Schlitten spannen und auch dann haben sie es noch schwer. Die Norweger schuften wie Sträflinge im Steinbruch. Sie wissen jedoch, wenn sie dieses Gebirge bezwungen haben, sind sie Sieger, weil Scott unmöglich schneller als sie sein kann. Wenn sie gewusst hätten ...

Am 21. November ist der Aufstieg zum Hochplateau überwunden und sie haben eine Tonne Verpflegung mitgebracht. Trotzdem können sie sich nicht recht freuen, weil ihr nächstes Lager zum Schlachthof wird, wie sie es nennen. Amundsen selbst verkriecht sich ins Zelt und lässt den Primuskocher mit voller Kraft laufen, um die Schüsse nicht zu hören. Mit jedem Schuss verliert ein treuer Freund sein Leben. 18 Hunde bleiben übrig, die sofort mit Heißhunger das Fleisch ihrer toten Artgenossen verschlingen. Auch die Norweger essen bald davon und es schmeckt. Doch wie zur Strafe müssen sie vier Tage im Sturm ausharren. Das hilft ihnen aber auch, sich an die Höhenluft zu gewöhnen.

Trotzdem bessert sich das Wetter nicht. Als sie in ihren Zelten schon fast vor Langeweile umkommen, brechen sie doch auf, hinein in Sturm und Kälte. Dazu tappen sie über einen Untergrund, der sie mit Mann und Maus verschlingen könnte. Manchmal wissen sie kaum noch, ob sie nach oben oder nach unten gehen, nach links oder nach rechts, weil sie in Nebel, Schnee und Wind nichts als Weiß sehen. Auf einem Felsgrat fühlen sie sich wie Seiltänzer über dem Niagarafall. „Höllenpforte", „Teufelsgletscher" und „Tanzsaal des Teufels" nennen sie die Gegenden – und sprechen untereinander davon als „Schweineplateau". Sie gehen nur nach dem Kompass, weil die Sonne meistens nicht einmal zu erahnen ist. Und sie gehen auf Skiern, die sie gar nicht genug rühmen können. Ohne sie hätten sie das kantige, hart gefrorene Gelände mit seinen vielen Spalten vielleicht gar nicht überqueren können.

Am 8. Dezember 1911 erreichen sie einen Ort, der sich in nichts von allen anderen Orten um sie her unterscheidet. Trotzdem sind die Männer zu Tränen gerührt, als ihre Messinstrumente ihnen sagen, dass sie die Breite von 88° 23' überschritten haben, den südlichsten Punkt der Erde, den je ein menschlicher Fuß betreten hat, nämlich Shackleton auf seiner *Nimrod*-Expedition. Die fünf haben wie Krieger in einer Schlacht die norwegische Fahne am führenden Schlitten befestigt. Nun haben

Amundsen und seine Begleiter auf dem „Teufelsgletscher"

sie noch genau 154 Kilometer vor sich, ein Katzensprung bei ihrem Tempo! Nur eine Frage beschäftigt sie die ganze Zeit: Was würden sie am Pol zu sehen bekommen? Eine endlose Ebene, die kein menschlicher Fuß je betreten hat? Oder – oder? Doch sie wissen: Bei der Eile, mit der sie vorgerückt sind, müssen sie die Ersten am Ziel sein.

Dass sie sich deswegen wirklich sorgen! Stimmt es nicht, Tom: Ihr seid da noch immer mit Scott unterwegs und habt am selben Tag noch nicht einmal das Ende des Ross-Schelfeises erreicht!

Sogar das Wetter belohnt die Norweger für ihre Mühen. Es wird geradezu sommerlich warm, bei Temperaturen von nur –18 Grad. Nun können sie sich genau ausrechnen, wann sie am Pol eintreffen. Es gibt kein anderes Thema mehr. Als einmal einer der Hunde nach Süden wittert, erschrecken alle. Er wird doch wohl nicht den Geruch von Menschen wahrnehmen! Nein, andere Menschen hätten die Hunde der Norweger erst einen Monat später wittern können.

Am Abend des 14. Dezember 1911 schlägt ihnen allen das Herz bis zum Hals. Genau so fühlen sich Kinder vor Heiligabend: Am nächsten Tag wird es passieren! Alle schlafen schlecht in der Nacht – und sind am Morgen trotzdem gut gelaunt. Diesmal frühstücken sie wohl ein wenig schneller. Die Luft ist still und die Sonne scheint. Besser könnten die Bedingungen nicht sein. Auf der fliegenden Fahrt recken alle immer wieder die Hälse und spähen wie Adler in die Landschaft. Doch es ist kein

Zeichen menschlichen Lebens zu erkennen, auch nicht bis drei Uhr nachmittags, als alle „Halt!" rufen. Die Messräder an ihren Schlitten schließen jeden Zweifel aus: Sie sind am Südpol.

So fest wie noch nie schütteln sich die fünf Männer die Hände und zusammen rammen sie eine Stange mit der norwegischen Fahne in den Boden. Damit später niemand behaupten kann, sie hätten den Pol um ein paar Kilometer verfehlt, haben sie noch eine wichtige Aufgabe vor sich. Sie wollen den Punkt, den sie als Pol berechnet haben, umkreisen. Dazu soll ein Mann 20 Kilometer weiter gehen und zwei jeweils 20 Kilometer nach links und nach rechts. Am Ende soll jeder eine Markierung in den Schnee stecken. So viel Energie haben die Norweger, dass sich die drei ausgewählten Männer, ohne zu schlafen, gleich auf den Weg machen, ohne Zelt und nur mit einem Mundvorrat. Sie meinen wohl inzwischen, nichts könnte ihnen mehr etwas anhaben. Gerät jetzt einer von ihnen allein in einen Schneesturm, Kilometer vom Lagerplatz entfernt, dann ist das wie ein Todesurteil. Aber wie abgesprochen, treffen alle drei fast gleichzeitig wieder ein.

In den nächsten Tagen vermessen die Männer noch einmal genau ihre Position, korrigieren die Lage des Südpols noch einmal und machen sich dann für den Rückmarsch fertig. Sie bauen noch ein Zelt auf, befestigen an seiner Spitze die norwegische Fahne und hinterlassen ein Schreiben an den norwegischen König und auch an Robert Falcon Scott. Er wäre ja bestimmt der Zweite am Südpol und damit Zeuge für den Sieg Amundsens. Die Norweger lassen alles zurück, was sie nicht mehr gebrauchen können: ihren dritten Schlitten, Kleidung und sogar einen Sextanten*. Nur Nahrung hinterlassen sie keine oder wenigstens Petroleum, obwohl sie noch alles im Überfluss haben. Ihr Proviant reicht noch für fast drei Wochen, wobei sie in höchstens sechs Tagen am nächsten Depot sein sollten. Trotzdem kann man ihnen deswegen keinen Vorwurf machen. Wie hätten sie wissen können ... Drei Tage lang haben sich die Norweger am Südpol aufgehalten und immer wieder nach Scott gespäht. Nun müssen sie schnell nach Framheim zurück. Zwar sind sie die Sieger des Rennens, die Ersten am Pol, aber das macht den Rückweg nicht einfacher und die Zeit drängt. Denn nur derjenige hat den Erfolg sicher, den Erfolg in klingender Münze, der als Erster die Nachricht seines Triumphes in die Welt senden kann. Wie verrückt laufen die Hunde auf und ab, weil die Männer immer noch eine Zeremonie ausführen, um sich vom Pol zu verabschieden. Als endlich die Peitschen knallen, ziehen sie los wie abgeschossene Pfeile. Ausgehungert, wie sie sind, wissen sie, dass sie ein neues Depot erreichen müssen, um wieder genug Nahrung zu haben. Schon zwei Tage nach dem Aufbruch stirbt

Lasse, Amundsens Lieblingshund, danach noch zwei weitere. Doch ihr Tod sichert das Überleben der dreizehn Übriggebliebenen. Sie werden an die anderen verfüttert.

Weihnachten ist nichts Besonders, Neujahr auch nicht, außer dass die Norweger euch, Tom, an diesem Tag am nächsten sind: Nur 150 Kilometer seid ihr da auseinander, der Unterschied zwischen Tod und Leben. Amundsen verlässt das Polarplateau, ihr betretet es.

Die weitere Fahrt läuft für die Norweger fast wie am Schnürchen. In ihren Depots lagert so viel Proviant, dass sie die Rationen immer wieder erhöhen können. Auch das Wetter spielt nun mit, sodass sogar der Teufelsgletscher in ein paar Stunden überwunden ist. Allerdings haben sie sich verlaufen, sie haben ein Depot verpasst. Das wäre für sie selbst zwar leicht zu verkraften, nicht aber für die Hunde. Also werden zwei Mann als gute Skifahrer mit einem leeren Schlitten zurückgeschickt. Tatsächlich kehren sie mit vollem Schlitten zurück. Damit ist sicher, dass die Hunde überleben werden, ist es doch für die Norweger eine schreckliche Vorstellung, die Schlitten selbst ziehen zu müssen.

Nach über sechs Wochen stehen sie erneut auf dem Schelfeis und können wieder frei atmen. Der restliche Weg ist eine Kleinigkeit, beinahe nur eine Skiwanderung. Auf jedem Breitengrad, also alle 111 Kilometer, wartet ein gut gefülltes Depot auf sie und die Hunde. Von denen dürfen es elf bis zurück schaffen. Weil alle so gut bei Kräften sind, haben sie ihr Tempo erhöht.

Sie lagern sechs Stunden, ziehen 28 Kilometer weiter, lagern sechs Stunden und so fort. Keiner hat mehr eine Vorstellung von Tag und Nacht. Das liegt auch daran, dass es nun immer wieder schneit und sonst ein dichter Nebel alles zudeckt. Doch unermüdlich ziehen die Norweger voran, geleitet von ihren Schneewarten und Depots. Als sie am 26. Januar 1912 in Framheim ankommen, früh am Morgen, haben sie gegenüber ihrer Planung zwei Wochen gutgemacht. Alles greift so hervorragend ineinander, dass am nächsten Tag sogar die *Fram,* die den Winter über in Argentinien war, am Schelfeis anlegt.

Nach nur fünf Tagen legt das Schiff auch schon wieder ab, wobei viel Ausrüstung zurückbleibt. Mit ganz Framheim wird das alles irgendwann im Meer verschwinden. Amundsen geht es nur noch darum, der Welt schnell von seinem Erfolg zu berichten. Noch an Bord schreibt er Telegramme und Zeitungs-

Framheim, die auf dem Schelfeis errichtete Basisstation der norwegischen Expedition

artikel. Doch elendig langsam kriecht das Schiff dahin. Amundsen kommt es vor, als wollten sich die Elemente noch einmal gegen ihn stellen, um ihm im letzten Augenblick den Sieg zu entreißen. Er denkt, Scott könnte schon zurück in Neuseeland sein. Wenn er wüsste!

Am 7. März trifft die *Fram* in Tasmanien ein, wo er Johansen sofort des Schiffs verweist. Amundsen hat seine Kritik nicht vergessen. Der Arme muss alleine nach Norwegen zurückfahren. Amundsen besteht auch darauf, Johansen von allen Feierlichkeiten in seinem Heimatland auszuschließen.

In den nächsten Tagen verkünden alle Zeitungen der Welt den Sieg der Norweger im Wettlauf um den Südpol. Was aus der britischen Expedition geworden ist, weiß bis dahin keiner. Mein Gott, was hast du erlebt, Tom! Was habt ihr drei erlebt, dein alter Freund William und dieser Offizier Evans, der doch ein anständiger Mensch war, oder nicht?"

Ellen sieht mich an. Alle sehen mich an, starren mich an, das kann ich doch erkennen. Ja, was haben wir auf dem Rückweg erlebt!

Glück und Pech

Amundsen hatte sich eindringlich auf die Antarktis vorbereitet. Er wusste genau, worauf es ankam. Jeden Schritt hatte er sorgfältig geplant. Er setzte auf Mittel, die in der größten Kälte zuverlässig sind und die von den Eskimos stammen: die Hunde, Teile der Kleidung, aber auch die Fähigkeit, im Notfall ein Iglu zu bauen, das in Schneestürmen und bei extremen Minustemperaturen jedem Zelt überlegen ist. Außerdem setzte er auf *die* Erfindung seiner Heimat: Skier. Alle seine Männer waren erfahrene Skifahrer, Olav Bjaaland einer der besten seines Landes. Eigentlich war Amundsen ein Mann der alten Schule: Er vertraute auf natürliche Mittel und auf das, was sich bewährt und er selbst erprobt hatte.

Bei dem Unternehmen war es entscheidend, überhaupt den richtigen Weg zu finden. Dazu hatte sich Amundsen ein einfaches Mittel ausgedacht: Er ging auf gerader Linie zum Südpol und versuchte, den Längengrad, auf dem er sich befand, nicht mehr zu verlassen. So wollte er sich auch gegen die mögliche Kritik absichern, er wäre irgendwie auf den Spuren der englischen Vorgänger gewandelt. Sein Weg war unbekannt. Um auf dem Rückweg die Vorratslager auf jeden Fall zu finden, steckte er dort Fähnchen quer zur Laufrichtung in den Schnee, und zwar jeweils zehn Stück nach Westen und Osten im Abstand von 800 Metern. Jedes Fähnchen gab außerdem den Abstand zum Depot an. Um mit den schweren Schlitten gut vorwärtszukommen,

setzte Amundsen Hunde als Zugmittel ein und einige seiner Männer hatten besondere Erfahrung als Hundeführer. Jede Kleinigkeit war durchdacht. Alle Geräte waren möglichst schon vor der Reise getestet. Sogar die Petroleumbehälter wurden zusätzlich verschweißt, weil Amundsen festgestellt hatte, dass Petroleum bei Sonnenschein auch in großer Kälte verdunsten kann. Das Essen und seine Zubereitung, das wichtigste Thema all dieser Expeditionen, war auf das Nötigste beschränkt. Es gab nur Pemmikan, Zwieback, Milchpulver und Schokolade, alles mit Schnee in einem Topf leicht aufzukochen, dazu frisches Fleisch, erst das von Robben, dann auch von Hunden.
Amundsen überließ nichts dem Zufall. Er sagte: „Der Sieg wartet auf denjenigen, der alles in Ordnung hat – Glück nennen das die Leute. Die Niederlage ist dem sicher, der es versäumt hat, rechtzeitig die nötige Vorsorge zu treffen – das wird dann Pech genannt."

Norwegischer Hundeschlitten

Überleben um Haaresbreite

Angetrieben von der großen Enttäuschung, nicht mit zum Pol zu dürfen, aber auch von dem Wunsch, wieder in die Zivilisation zurückzukehren, machen William und ich uns unter der Führung von Offizier Evans auf den Weg zurück. Wir sind fit und eigentlich ohne Sorgen, dass etwas schiefgehen könnte. Das Wetter ist erträglich, auch der Wind weht nun von hinten, sodass wir gut vorankommen. Leider haben wir auf dem Beardmore-Gletscher unser Messrad verloren, das hinter allen Schlitten befestigt ist. So wissen wir nicht genau, wie viel Strecke wir zurücklegen. Wir müssen unbedingt den Weg einschlagen, den wir hingegangen sind. Zum Glück bleiben die Spuren im Schnee meist lange erhalten.

Dummerweise werde ich gleich zu Anfang schneeblind. In der Höhe und auf dem Schnee wird man von der ewigen Sonne geradezu geröstet. Um besser sehen zu können, habe ich als Vorgänger unserer Gruppe auf die Schneebrille verzichtet, was sich bitter rächt. Meine Augen brennen wie Feuer. Ich muss sie zuhalten, damit ich den Schmerz ertragen kann. Wenigstens haben wir am nächsten Depot unsere Skier wieder. Wir kommen darauf schnell voran. Es ist die schönste Abwechslung nach den Tagen zu Fuß.

Doch dann tobt ein Schneesturm. Vor dem Zelt heult der Wind wie ein Ungeheuer. Trotzdem können wir nicht abwarten.

William, der unseren Proviant verwaltet, kommt zu dem Ergebnis, dass wir keinen Spielraum haben. Wenn wir nicht jeden Tag 25 Kilometer zurücklegen, haben wir nichts mehr zu essen. Außerdem sind wir ja nur zu dritt und verbrauchen fürs Schlittenziehen mehr Energie. Hilflos tapsen wir durch den Sturm. Zumindest mir hilft das Wetter: Ohne die Sonne heilen meine Augen schnell. Dazu passt, dass wir bald das Transantarktische Gebirge vor uns sehen. Nun können wir uns gut orientieren und auch die Entfernungen besser schätzen. Es tut so gut, wenn es etwas gibt, worauf man schauen kann.

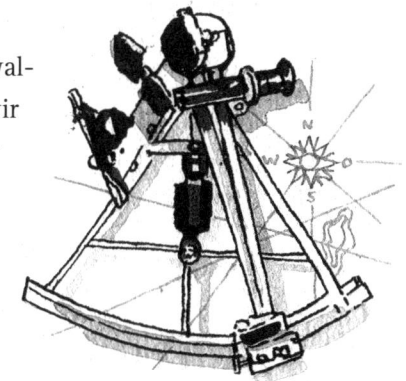

Offizier Evans leitet uns bestens, ohne Bevormundung, beinahe von Gleich zu Gleich. Immer wieder fragt er nach unserer Meinung und bespricht alle Entscheidungen mit uns. Doch baut er ab. Ich sehe, wie blass er manchmal ist, wenn wir es wieder erst mit großer Mühe geschafft haben, den Schlitten in Gang zu bringen. Aber er klagt nicht. Er versucht zu lächeln. Ich bin selbst wieder fit.

Vielleicht sind der 17. und 18. Januar die schlimmsten Tage meines Lebens. Auf dem Beardmore-Gletscher hinunter zum Schelfeis geraten wir in ein Labyrinth aus zusammengepresstem und aufgerissenem Eis. Manchmal sehen wir Spalten, in denen das größte Schiff der Welt komplett verschwinden würde.

Als wir einmal wieder zurückgehen müssen, um einer solchen Spalte auszuweichen, ruft Evans plötzlich: „Und ich habe uns in diese schreckliche Gegend geführt."

William und ich sehen uns an. Er tappt sich versteckt an die Stirn. Dann sagt er zu Evans: „Sir, das ist doch nicht Ihre Schuld. Sie leiten uns hervorragend."

Und ich füge an: „Keiner kann auf dem Gletscher von oben sehen, was ihn unten erwartet."

Den Beardmore-Gletscher entdeckte Shackleton auf seiner *Nimrod*-Expedition. Er benannte ihn nach einem seiner Geldgeber.

Evans versucht zu lächeln. William und ich sehen uns wieder an und runzeln nur die Stirn. Wir ahnen beide: Evans selbst wird zum Problem. Er ist ausgezehrt und klagt nun auch über seine Augen.

Bald ist er schneeblind. Er läuft auf Skiern hinter unserem Schlitten her, wobei William führt und ihm immer wieder den eingeschlagenen Kurs zuschreit. Trotzdem kommen wir wieder gut voran. Ich singe meine irischen Lieder, und als wir endlich den Fuß des Gletschers erreicht haben und dort unser großes Depot vor uns sehen, schreie ich vor Freude los, sodass sich wohl noch die Ponys in ihren eisigen Gräbern erschrecken. Endlich köchelt wieder frisches Fleisch in unserem Eintopf, noch dazu eine riesige Menge.

Doch ausgerechnet als wir uns nach dem Essen den vollen Bauch reiben, sagt Evans: „Irgendwie habe ich so ein komisches Gefühl in den Kniekehlen."

William bleibt darauf so stumm wie ich, ehe er plötzlich überhastet sagt: „Das ist nichts. Reiben Sie sich nur ordentlich die Beine, Sir!"

Als Evans bald in seinem Schlafsack anfängt zu schnarchen, flüstert William mir nur ein Wort zu: „Skorbut!"

Ich nicke ihm zu. Wir haben beide oft genug davon gehört, welches die ersten Zeichen dieser Krankheit sind.

In den nächsten Tagen kommen wir wieder gut voran, obwohl uns der Schnee an den Skiern klebt. Es ist sehr warm geworden, das Thermometer zeigt null Grad. Ich habe das Gefühl, wir könnten unsere Klamotten ausziehen. Die Sonne scheint so stark, dass unsere Gesichter völlig verbrannt sind. Unsere Haut ist sowieso fast schwarz. Leider macht uns Evans nun große Sorgen. Seine Beine werden immer schlimmer: Ein Wechsel zwischen Schwarz, Blau und anderen Farben – und wir haben noch mindestens zwei Wochen Marsch vor uns.

Evans kämpft unerbittlich, auch mit sich selbst. Er leidet, doch will er es nicht zeigen. Dabei müssen wir ihn eines Morgens auf die Skier stellen, weil er die Beine nicht mehr bewegen kann. Wir haben jetzt noch 300 Kilometer vor uns, wobei wir im Schnitt höchstens 20 Kilometer am Tag machen.

Als wir weiter voranmarschieren und Evans hinter dem Schlitten herschlurft, um Kräfte zu sparen, sagt William zu mir: „Ich werde nicht vergessen, was Scott einem Reporter in Australien gesagt hat. Hast du das gelesen? Nein, hast du nicht. Ich habe die Zeitung auch nur durch Zufall in die Hand bekommen. Da sagt der Scott: ‚Vielleicht kommen wir durch, vielleicht auch nicht. Vielleicht werden wir mit unseren Transportmitteln Unfälle

haben, mit den Schlitten oder den Tieren. Vielleicht verlieren wir unser Leben. Vielleicht werden wir ausgelöscht. Es ist alles eine Frage von Vorsehung und Glück."

„Eine Frage von Glück?", wiederhole ich.

Wir beide schweigen. Auf wen haben wir uns da eingelassen, denke ich. Glück darf bei einem solchen Unternehmen doch keine Rolle spielen. Aber ich muss mir nichts vormachen: Das ist Scotts Art. Er meint, das Schicksal würde über ihn bestimmen. Ich sehe William nur an. Wir nicken uns zu und verstehen uns. Für uns geht es nur darum, wieder unter Menschen zu kommen, mit Evans. An Scott und seine Männer wollen wir gar nicht erst denken. War nicht Taff viel schlechter in Form als unser Offizier Evans?

Eigentlich sind die Bedingungen gut, um das letzte Stück zu schaffen. Wir sehen schon das Land vor uns, den Mount Erebus. Doch Evans hält uns immer mehr auf. Morgens müssen wir ihn aus dem Zelt tragen und auf die Skier stellen, so steif ist er. Es dauert dann, ehe er in Schwung kommt. Aber er versucht noch, Witze zu machen. Es ist herzzerreißend. Wir haben das letzte Depot vor dem Ein-Tonnen-Depot erreicht. Inzwischen ziehen nur noch William und ich. Evans ist am Ende seiner Kräfte. Er hat Blut gespuckt.

Immer wieder bespreche ich mich heimlich mit William. Als wir uns einmal wieder so anstrengen müssen, dass uns das Herz in den Schläfen hämmert, flüstert William mir keuchend zu: „Hast du schon daran gedacht, allein weiterzuziehen?"

Ich sehe ihn mit großen Augen an und sage: „Ja."
„Ohne Evans würden wir es mit Sicherheit zurückschaffen", sagt William etwas lauter und ich spüre, wie der Schlitten plötzlich noch schwerer wird.
Ich nicke nur.
„Hat der nicht selbst schuld, wenn er zurückbleibt? Hat ihn nicht auch sein Ehrgeiz in diese Eiswüste getrieben? Würde nicht er den Ruhm einstreichen und wir nur den Lohn?"
„Nein", antworte ich ziemlich laut, „auch wir wollten das Abenteuer, auch wir waren frei zu entscheiden."
Da lacht William wie befreit und sagt: „Wäre Scott an der Stelle von Evans, dann ...", und ich spüre, wie er sich wieder in die Riemen legt.

Nein, Evans hat immer auch an uns gedacht. Es ist keine Frage: Wir werden ihn nicht aufgeben.

Bald lassen wir alle Ausrüstungsgegenstände zurück, die wir irgendwie entbehren können, um den Schlitten leichter zu machen. Längst laufen wir um unser Leben. Mit Evans schaffen wir weniger als 20 Kilometer am Tag und bald noch weniger, weil wir ihn auf dem Schlitten ziehen müssen. Er kann nicht mehr stehen. Jetzt bestimmen wir über ihn – ein seltsames Gefühl. Sein Rang zählt nicht mehr. Er befiehlt uns, ihn zurückzulassen, was aber nicht infrage kommt. In der Nacht schlafen William und ich kaum noch, weil wir um sein Leben fürchten. Am Morgen des 18. Februar überwältigen mich meine Gefühle, sodass ich mit den Tränen kämpfe. Ich sehe, dass sich Evans in seinem Schlafsack nicht mehr bewegt. Ich höre auch keinen Atemzug mehr. Er ist tot, denke ich. Doch William schreit mich fast an, ich solle jetzt nur keine Szene machen, sondern ihm helfen. Er schlägt den Offizier mit der flachen Hand ins Gesicht, nimmt seine Hände und schwingt sie wie Ruder hin und her, träufelt ihm dann Brandy ein. Evans schlägt die Augen auf und wir packen zusammen.

Wir kommen vorwärts, aber nicht mehr so, dass wir es zu dritt schaffen könnten. Daher treffe ich eine Vereinbarung mit William: Ich werde die letzten 50 Kilometer allein zu unserer Hütte bei Hut Point gehen, die noch von der *Discovery*-Expedition steht. Sie liegt näher vor uns als das Hauptquartier bei Kap Evans. Dort will ich Hilfe holen.

Mit drei Keksen und zwei Stück Schokolade ziehe ich los, zu Fuß, ohne Skier, die wir längst zurückgelassen haben, um Gewicht zu sparen. Ich denke nicht darüber nach, was passiert. Schaffe ich es nicht, sterben die anderen beiden auch.

Was soll ich weiter erzählen? Es ist ein Marsch, der mir alles abverlangt. Ich muss die ganze Strecke am Stück gehen, weil ich ohne Zelt und Schlafsack bin. Nach der Hälfte halte ich fünf Minuten lang an, esse zwei Kekse und die Schokolade. Noch einmal halte ich, um den letzten Keks zu essen. Er ist so trocken, dass ich ihn nur mit etwas Eis runterkriege. Nein, auch mein Mund ist so trocken. In dieser Wüste hat man ständig Durst. Eis und Schnee helfen da nicht.

In der Antarktis tiefgefrorene Kekse der *Terra-Nova*-Expedition

Morgens um halb vier komme ich an der Hut-Point-Hütte an, nach einem Marsch von 18 Stunden. Sofort weiß ich, dass ich gerettet bin, denn vor der Hütte empfängt mich das Gebell von Hunden. Zufällig hält sich dort der Arzt unseres Unternehmens, Edward L. Atkinson, mit einem zweiten Mann auf. Sie sehen mich so entgeistert an wie ich sie. Nur haben sie erst recht Grund dazu, schauen sie doch in ein schwarzhäutiges, vollbärtiges, vereistes Gesicht, in dem vor Glück die Tränen fließen. In ihren Armen sinke ich plötzlich zusammen. Ich bekomme gleich ein Glas Brandy, danach eine Schüssel Porridge – aber zum ersten Mal in meinem Leben kommt mir das wieder hoch.

Auch die Erforschung der Antarktis war Ziel der *Terra-Nova*-Expedition. Hier ist Arzt Dr. Edward Atkinson im Labor.

Hastig erzähle ich, was geschehen ist. Die beiden wollen sofort losziehen, doch sie müssen erst einen Schneesturm abwarten. Wie die Zeit verrinnt! Auf dem Tisch liegt eine Taschenuhr, auf die wir starren, als hielte die der Sensenmann. Atkinson streicht in der Hütte herum wie ein Panther im Käfig. Als endlich der Wind nicht mehr heult, ziehen sie am Nachmittag los, mit den Hunden. Die zeigen, was wirklich in ihnen steckt. Als wüssten sie, worum es ginge, lassen sie sich voller Eifer vor den Schlitten spannen. Ich höre später, wie William und Evans dann das Kläffen der Hunde für ein göttliches Geräusch halten. Evans ist so gerührt, dass er sich ohne Unterlass das Gesicht abschlecken lässt. Als wir uns endlich wiedersehen, hat sogar er als Offizier Tränen in den Augen. Die beiden können mir gar nicht genug danken, obwohl ich doch nichts anderes getan habe, als *mein* Leben zu retten.

„Und die große Frage ist doch nun: Wenn es euch so dreckig ging, was ist dann mit Scott und seinen Männern?", ruft plötzlich der alte Bill in die Runde.

Er lebt inzwischen ganz in meiner Geschichte. Zwar stöhnen alle anderen auf, aber auch ihnen steht der Mund offen. Die Männer verstehen nun ein wenig, was dort unten wirklich passiert ist.

Es dauert, ehe Howard die Idee kommt, mal wieder vor die Tür zu schauen.

„Es hat aufgehört zu schneien!", ruft er mit schwerer Zunge. „Dann können wir es ja bis zum nächsten Depot schaffen."
Keiner lacht. Ich drehe mich um. Howard kann leider nicht anders, als schlechte Witze zu machen.
„Los, Tom!", sagt einer der Männer. „Erzähl! Was war jetzt mit Scott und den anderen vieren? Wie hießen die doch gleich? Wilson, Bowers, Oates und Evans."
„Wie soll er wissen, was mit den anderen war?", ruft Howard von der Tür. „Er war doch nicht dabei. Sonst wäre er nicht hier."
Als Howard loslacht, sagt einer der Männer ziemlich laut zu ihm: „Jetzt halt mal die Klappe! Wenn einer nachempfinden kann, was mit denen passiert ist, dann ja wohl unser alter Tom."
Aber ich drehe mich nicht um. Ich will das nicht erzählen. Aber stimmt es nicht? Kann denn jemand besser wissen als ich, was passiert ist?

Scotts Fehler

Im Unterschied zu Amundsen vertraute Scott auf den Fortschritt – und auf das Wissen anderer: Besonders durch Shackletons Bericht von seinem Marsch bis kurz vor den Pol beharrte er auf dem Irrglauben, Hunde würden den Aufstieg auf das Polarplateau nicht schaffen. Es mangelte ihm grundsätzlich an Erfahrung mit Hunden und Ponys. Vor allem aber war Scott von der abwegigen sportlichen Einstellung beseelt, am sichersten könnten Menschen selbst die Versorgungsschlitten ziehen. Aber auf einer Strecke von über 2.000 Kilometern laugte eine solche Anstrengung die Männer völlig aus. Ihnen fehlte zum Schluss ständig Energie. Sie hungerten. Scott schrieb schon am 4. März: „Uns täglich eine warme Mahlzeit entziehen, hieße uns töten!" Diese warme Mahlzeit war schon deswegen gefährdet, weil sie nicht über genug Petroleum für den Kocher verfügten. Scott hatte nicht bedacht, dass dieses Öl über die Dichtungen der Kanister verdunstete. Hinzu kam, dass sie sich hauptsächlich von ihrem Pemmikan ernährten. Das aber ist erhitztes und eingemachtes Essen, dem Vitamin C fehlt. So bekamen sie Skorbut.

Dazu hatte Scott die Strecke zwischen den Depots schlecht markiert, nur mithilfe von kaum sichtbaren Schneepyramiden, die in großem Abstand angelegt waren. Auch auf den Depots selbst flatterte nur ein Fähnlein. So waren die Briten unbedingt auf gute Sicht und auf ihre Spuren des Hinwegs angewiesen. Bei jedem Sturm mussten sie im

Zelt bleiben. Manchmal waren sie so verzweifelt darauf angewiesen, ihre alte Spur zu finden, dass sie deswegen im Schnee danach kratzten.

Scotts Fehler waren zahlreich und offensichtlich. Vor allem aber entschied er oft an Ort und Stelle, wie etwas zu geschehen hatte. Er improvisierte.

Am verhängnisvollsten war wohl Scotts Entscheidung, kurz vor dem Ziel seinen Plan umzuwerfen und mit fünf Männern zum Pol zu ziehen statt mit vier, wobei er nicht einmal die Männer auswählte, die am fittesten waren. Er brachte die ganze Planung aus dem Gleichgewicht. So musste sowohl der letzte Rückkehrer-Trupp mit Thomas Crean als auch sein eigener Trupp ums Überleben kämpfen. Spätestens an dieser Stelle holte Scott sein größter Fehler ein: Er hatte kein durchdachtes Konzept. Wenn er sich wieder einmal anders entschied, konnte er die Folgen dieser Entscheidungen nicht überblicken.

Bowers (l.), wegen seiner Nase auch „*Birdie*" genannt, hilft beim Portionieren der Pemmikan-Rationen.

Eine Frage von Glück?

Dass Scott wirklich zuversichtlich ist, als er mit seinen vier Auserwählten weiter zum Südpol zieht! Nicht nur Taff ist angeschlagen. Eigentlich verrät auch das Gesicht von Oates und die Art, wie er sich bewegt, dass er an seine Grenzen gekommen ist. Oates wollte gar nicht unbedingt zum Pol, er wollte sich auf ein Abenteuer einlassen, heraus aus seinem täglichen Trott in der Armee.

Scott ist ein Mann vom Militär. Wenn er will, dass auch jemand vom Heer den Südpol erreicht, hat er am Ende nur noch Oates zur Verfügung. Als der von Scott gesagt bekommt, er sei für die Polgruppe bestimmt, kann er sich dieser Ehre nicht widersetzen. Der Rittmeister sitzt in der Falle. Er kann nicht gegen sein Pflichtgefühl handeln, gegen seine ganze militärische Erziehung. So zieht er mit, auch wenn ihm die langen Märsche wirklich auf die Knochen gehen. Wegen einer Kriegsverletzung hat er ein kürzeres Bein.

Zwar ist die Stimmung gut, als die fünf allein weiterziehen, aber ihre ganze Lage ist es nicht. Alles ist für vier Leute berechnet, die Vorräte an Lebensmitteln und an Brennstoff, auch der Platz im Zelt. Alles wird nun knapp. Scott hat ausgerechnet, einen Überschuss an Lebensmitteln zu haben, einen knappen Überschuss. Doch schon nach zwei Tagen hält sie ein Schneesturm auf und jeder zusätzliche Tag zehrt an ihren Ra-

tionen. Außerdem sehen sie erst unterwegs, wie stark sich Taff an der Hand verletzt hat: Aus seiner Schnittwunde quillt der Eiter. Wie soll er da die Skistöcke vernünftig einsetzen?
Trotzdem haben sie ja bis zum Pol nur wenige Tage vor sich. Das Ziel ist so schnell erreicht! Der Rückweg würde sich wie von selbst erledigen. Daran muss eigentlich noch kein Gedanke verschwendet werden. Freilich werden sie bis dahin weitere zwei Wochen Schwerstarbeit hinter sich haben. Erst einmal geht es darum, eine andere Angst zu unterdrücken: Würde Amundsen sie geschlagen haben? Dieser Gedanke lässt sich inzwischen nicht mehr niederhalten. Der böse Geist Amundsens schwebt über ihnen.
Sie sind immer so müde, wenn sie wieder losziehen. Jeder Tag bedeutet neue Plackerei. Ständig kreisen die Gedanken nur ums Essen, das große Essen am Abend. Doch wenn der wärmende

Mit einer warmen Mahlzeit im Bauch hebt sich am Abend die Stimmung. Taff, Bowers, Wilson und Scott (v. l.).

Eintopf aufgegessen ist, sind zwar alle satt, der Hunger kommt aber schnell zurück, noch in der Nacht, wenn ihnen auf einmal so entsetzlich kalt wird, obwohl die Temperatur gar nicht fällt. Heimlich treffen ihre besorgten Blicke immer wieder den guten alten Taff. Wo bleiben seine Späße? Vielleicht denken sie, er wäre ein wenig eingeschüchtert, weil er nun ausschließlich von Offizieren umgeben ist. Aber das macht ihm nichts aus, nicht in dieser Welt! Scott behandelt auch wirklich alle gleich. Alle bekommen die gleiche Essensmenge. Doch damit verurteilt er den armen Edgar Evans zum Untergang: Der Hüne Taff verbraucht mehr Energie als ein kleiner Mann wie etwa Bowers. Er muss jeden Tag noch mehr hungern als die anderen.

Die Stimmung kühlt ab, obwohl das Ziel immer näher rückt. Am 9. Januar 1913 haben sie einen Rekord erreicht: Sie sind südlicher als Shackleton, aber wirkliche Freude kommt nicht auf. Sie wollen nur endlich ankommen. Wie magnetisch werden sie nun vom Pol angezogen. Sie treiben sich gegenseitig an, Scott, Wilson und Bowers. Taff versucht, das böse Spiel mitzumachen, während Oates nur noch eines versucht: zu überleben.

Am 15. Januar haben sie nur noch 50 lumpige Kilometer vor sich und Scott will nun ans Ziel, koste es, was es wolle. Sein Lebensziel ist in greifbarer Nähe und ihn schreckt nur noch die furchtbare Möglichkeit, dass die norwegische Fahne vor der ihren dort flattern könnte.

Am 16. Januar brechen sie in sehr gehobener Stimmung auf, sind sie sich doch sicher, am nächsten Tag das Ziel zu errei-

chen. Auf dem Weg sieht Bowers mit seinen scharfen Augen in weiter Ferne etwas Schwarzes. In wortloser Spannung hasten sie weiter. Alle hat der gleiche furchtbare Verdacht durchzuckt. Nach einer halben Stunde ist in dem endlosen weißen Einerlei wirklich ein schwarzer Fleck zu erkennen. Sie marschieren geradewegs darauf los und finden eine schwarze Fahne, einen verlassenen Lagerplatz und die Abdrücke von vielen Hundepfoten. Scott ist am Boden zerstört, schon wenn er seine treuen Gefährten ansieht, die sich mit ihm umsonst geschunden haben. Wilson und Bowers nicken sich aufmunternd zu, Oates schaut mit versteinerter Miene in den Himmel, Taff stiert ausdruckslos vor sich hin.

Sofort müssen die Gedanken umschalten. Nun hat das Ziel, das sie am nächsten Tag erreichen werden, alle Anziehungskraft verloren. Sie müssen jetzt schnell sein. Vielleicht schaffen sie es ja noch, als Erste wieder in die Zivilisation zurückzukehren. Dann könnten sie als Erste wenigstens die Nachricht von der Eroberung des Südpols verkaufen und Scott ist bereit, sich und den Männern dafür auch den letzten Rest Kraft abzupressen. Klar ist, dass die *Terra Nova* nach ihrer Ankunft spätestens im März wieder abfahren muss, um nicht im Eis festzufrieren.

Zwei Tage halten sie sich am Südpol auf, einem entsetzlichen Ort, wie sie finden, wo nichts zu sehen ist, nichts, was sich von der schauerlichen Eintönigkeit der letzten Tage unterscheidet – bis auf eins: Amundsens Zelt an der Stelle, die von den Norwegern als Position des Pols berechnet worden ist. Aus seinen Mitteilungen erfahren sie, dass der Norweger fünf Wochen vor ihnen am Ziel war – fünf Wochen! Auch Amundsens persönliche Mitteilung an Scott finden sie in dem Zelt:

Sehr geehrter Herr Kapitän Scott!

Da Sie wahrscheinlich der Erste sind, der nach uns dieses Gebiet erreicht, möchte ich Sie freundlich bitten, diesen Brief an König Haakon VII. weiterzuleiten. Wenn etwas von dem, was wir im Zelt zurückgelassen haben, für Sie von Nutzen sein kann, zögern Sie nicht, es zu gebrauchen.

Ich wünsche Ihnen eine gesunde Heimkehr und bin mit freundlichen Grüßen Ihr ergebener Roald Amundsen.

Scott versteht den Sinn nicht ganz. Warum soll ausgerechnet er dem norwegischen König von seiner Niederlage berichten? Er kommt sich von seinem Rivalen auch noch benutzt vor. Trotzdem steckt er das Schreiben ein.

Dann treten die fünf den Rückweg an. Sie wissen von Anfang an, es wird ein Rennen gegen die Zeit. Auf dem Hinweg haben sie zum Schluss pro Tag 20 Kilometer zurückgelegt, wenn alles gut lief. Bis zum Ein-Tonnen-Depot, wo sie hoffentlich von ihren Kameraden abgefangen werden, haben sie nun 1.200 Kilometer vor sich. Sie wissen eigentlich auch, dass es ein Rennen gegen den Tod wird.

Zunächst geht es gut voran. Doch bald geraten sie in Stürme, die sie im Zelt abwarten. Das müssen sie auch tun, um unter keinen Umständen ihre Depots zu verfehlen; nicht ein einziges. Deswegen suchen sie immer ihre alte Spur, die manchmal zugeweht ist. Sie müssen vor allem ihr Tempo halten, doch immer besorgter schauen sie auf Taff und Oates. Beide ziehen fast wortlos mit, jeder wie in sich versunken. Dann erkennt Wilson plötzlich, dass Taffs Nase erfroren ist, ganz weiß und hart. Sofort machen sie halt, um etwas Warmes zu sich zu nehmen. Es darf nun keiner schwächeln. Doch auch Taffs Finger sind voller Frostbeulen. Ebenso geht es Oates mit seinen Füßen.

Sie leiden. Die Tage verlaufen immer gleich: Sich morgens aus den oft hart gefrorenen Schlafsäcken quälen, etwas Warmes frühstücken, das Zelt abbauen, alles auf den Schlitten laden, ins Geschirr steigen und ziehen, ziehen, ziehen, unterbrochen nur von Essenspausen, am Abend wieder abladen, das Zelt aufbauen, endlich den großen Eintopf zubereiten, ein wenig Tagebuch schreiben und in die manchmal noch feuchten Schlafsäcke schlüpfen – dann eine kurze Unterhaltung, wobei doch alles gesagt ist, über den fehlenden Schlaf, die fehlende Wärme, aber vor allem das fehlende Essen.

Am 29. Januar treffen sie auf die Spuren, die wir zurückgelassen haben, was ihnen eine große Hilfe ist: Nun haben sie drei Spuren, die ihnen den Weg zeigen. Bald hat Wilson Probleme, weil sich ein Bein entzündet hat und anschwillt. Er versucht deswegen, ruhig neben dem Schlitten herzugehen. Taff kämpft wie ein Bär, nur ist längst alle Lebensfreude aus ihm herausgepresst. Er verliert seine Fingernägel und will seine Hände über-

Die Zweiten am Südpol: Oates, Scott, Taff stehend (v. l.), Bowers und Wilson sitzen vor ihnen. Im Hintergrund der *Union Jack,* die britische Nationalflagge.

haupt nicht mehr anschauen. Er schämt sich, weil er Schwächen zeigen muss, er als einfacher Arbeiter gegenüber den verwöhnten Offizieren! Und hat er nicht wie ich davon geträumt, als Sieger am Pol für den Rest seines Lebens ausgesorgt zu haben?
Ziemlich schnell erreichen sie den Beardmore-Gletscher, dort das große Depot vor dem Abstieg. Bowers hat nun auch seine Skier wieder.
Sie quälen sich den Beardmore-Gletscher hinunter, immer in Sorge, die Spur zu verlieren. An einem Tag mit schönstem Wetter kommt Scott auf dem Weg hinunter wieder ein anderes Ziel ihres Unternehmens in den Sinn, nämlich neue wissenschaftliche Erkenntnisse zu gewinnen. Unterscheidet ihn das nicht von Amundsen? Sehr wohl! So verbringen sie einen halben Tag damit, Gesteinsproben zu sammeln, die sie mit einem Gewicht von 15 Kilogramm zusätzlich auf dem Schlitten verstauen.
Auf dem weiteren Weg hinunter verirren sie sich und sind augenblicklich in Lebensgefahr, weil ihre Vorräte so gut wie aufgebraucht sind. Im Nebel ziehen sie am nächsten Tag weiter, gepackt von einem schauerlichen Gefühl der Unsicherheit. Sie starren hinein in die unwirkliche Welt aus Eis und Stein, um eine winzige Depotfahne zu erblicken. Fast alle sind wegen der Anstrengung auf dem Weg schon schneeblind geworden. Tatsächlich kann Wilson sie entdecken, der danach sogar wieder Steine sammelt.
Taff ist mittlerweile zu schwach, um das Zelt mit aufzubauen. Seine erfrorenen Hände können nichts mehr greifen. Wie soll

er nur den restlichen Weg schaffen? Er hat nun auch eine riesige Beule am Fuß. Sie marschieren weiter, ständig von Hunger gepeinigt. Scott muss die Rationen kürzen, damit sie es sicher bis zum nächsten Depot schaffen. Es zeigt sich, dass er beim Proviant keine Notfallrationen eingeplant hat. Bleiben sie hinter ihrem Tempo zurück, haben sie weniger zu essen. Sie müssen vorwärts, nur geht das mit Taff nicht mehr. Er ist nur noch ein Schatten seiner selbst und brabbelt vor sich hin. Wie sollen die anderen mit ihm umgehen? Taff wird für sie zur Lebensgefahr. Er selbst weiß, dass sein eigenes Leben nicht nur in Gefahr, sondern zu Ende ist. Ein Verletzter oder Kranker kann in dieser menschenleeren Einöde nicht gerettet werden.

Vielleicht ist es für ihn das Schlimmste zu spüren, wie die anderen ihn aufgeben, wie sie erwarten, dass er stirbt. Und Taff macht es ihnen leicht. Am 17. Februar bleibt er hinter dem Schlitten zurück, als sie kurz vor dem großen Depot mit den toten Ponys sind, wo ich meinen Freudenschrei ausstieß. Die anderen ziehen weiter. Er kommt nicht nach, ist auch noch nicht bei ihnen, als sie das Mittagessen machen. Endlich laufen sie zu ihm zurück. Da kniet er mit aufgerissenem Anzug im Schnee, die Hände nackt und erfroren, in den Augen ein wilder Blick. Sie versuchen, ihn aufzurichten, was nicht mehr gelingt. Sie bringen ihn auf dem Schlitten zum Zelt, wo er sofort einschläft.

Die anderen flüstern untereinander. Was sollen sie machen? Wie sollen sie Hilfe organisieren, die es nicht gibt? Wie lange sollen sie warten auf das, was sie nicht auszusprechen wagen? In seltsamer Stimmung beobachten sie den armen Taff, der sterben muss, damit sie leben können. Um kurz nach Mitternacht atmet er zum letzten Mal. Noch zwei Stunden warten sie, bis er schon kalt ist und auch wirklich tot, ehe sie ihn eilig im Schnee begraben. Hungrig wie sie sind, brechen sie danach sofort auf, um schnell das nächste Depot zu erreichen. Sie finden es ohne Mühe.

Mit dem Ponyfleisch schlagen sie sich den Magen voll und mit mehr Essen durchströmt sie unmittelbar neues Leben. Als sie aber wieder aufbrechen, stellen sie fest, dass sich der Schlitten ziehen lässt, als ginge es über Wüstensand. Die Kräfte schwinden. Nach einigen Tagen stellt sich sofort wieder der Hunger ein. Von Neuem sind sie unbedingt davon abhängig, rechtzeitig das nächste Depot zu erreichen. Auf der riesigen weiten Fläche des Schelfeises werden ihre Gedanken immer düsterer. Weil abgemacht ist, dass ihnen Männer vom Kap Evans entgegengehen sollen, sprechen sie inzwischen andauernd über die Möglichkeit, die Hunde zu treffen, wo und wann. Sie merken, dass die Abstände zwischen den Depots für sie zu groß geworden sind. Alles ist falsch geplant. Zudem hat sich viel Petroleum verflüchtigt, das sie in den Depots gelagert haben. Es lässt sich nicht mehr leugnen: Der Tod ist ihnen auf den Fersen.

Ende Februar schaffen sie es zwar wieder rechtzeitig bis zum nächsten Depot, stellen aber fest, dass wieder zu wenig Petroleum vorhanden ist. Außerdem ist es entsetzlich kalt geworden. Oates' Füße sehen sehr schlimm aus. Sie haben 131 Kilometer bis zum nächsten Depot vor sich und kommen kaum noch voran. Auch Scott ist nun am Ende. Wilson und Bowers treiben die Gruppe voran.

Oates hinkt nun. Wilson kümmert sich aufopfernd um ihn. Abends im Zelt machen sie sich jedes Mal wieder Mut, nur um am Tag erneut festzustellen, dass sie nicht schnell genug vorankommen. Sie setzen alles auf eine Karte und essen große Portionen, um irgendwie bei Kräften zu bleiben. Am 10. März fragt Oates Wilson, ob er wohl durchkommen kann. Wilson muss lügen. Bald stehen sie vor derselben Frage wie bei Taff. Auch die Berechnungen gehen beim besten Willen nicht mehr auf. Am 11. März sind sie noch gut 100 Kilometer vom Ein-Tonnen-Depot entfernt und haben noch Proviant für sieben Tage. Allerdings liegt die Grenze ihrer Leistungsfähigkeit inzwischen bei elf Kilometern pro Tag.

Am 17. März ist Oates am Ende, seinem 32. Geburtstag. Er nimmt die Opiumtabletten*, die Wilson bis dahin an alle verteilt hat, legt sich in seinen Schlafsack und will nicht wieder aufwachen. Aber als in der Nacht ein Sturm das Zelt durchschüttelt und er doch wieder aufwacht, sagt er: „Ich gehe nur hinaus und könnte etwas länger brauchen." Keiner hält ihn auf. Nun können die restlichen drei es doch wieder versuchen. Sie kommen noch ein gutes Stück voran. Doch nach drei Tagen haben sie ihr letztes Petroleum fast aufgebraucht und sind noch mindestens drei Tagesmärsche vom Ein-Tonnen-Depot entfernt. Wilson und Bowers wollen auf jeden Fall noch versuchen, es zu erreichen. Doch immer wieder hält sie ein Sturm fest. Es ist schon zu spät im Jahr.

Dann warten sie nur noch auf die Hunde. Es ist schlimm: Wer ihnen noch helfen könnte, sind ausgerechnet die Tiere, denen Scott nicht vertraut hat. Wie sie da liegen, in ihrem Zelt! Körperlich am Ende, ausgelaugt, ohne Hoffnung. Wie würden sie denn weiterleben, müssen sie denken, wenn sie doch überleben sollten, wenn die Hunde kämen? Die Spuren ihrer Niederlage haben sie für immer gezeichnet: dieser und jener Finger abgefroren, genau wie die Nasenspitze, die Wangen, die Zehen oder die ganzen Füße. Sie wissen, dass Amputation noch das am wenigsten Schlimmste ist, worauf sie sich gefasst machen müssen. Auch die Zähne sind schon so locker, dass man sie mit leichter Gewalt herausziehen könnte. Wie würden sie denn in Gesellschaft wirken? Mitleiderregend!

Scott entschuldigt sich bei Bowers und Wilson, dass er sie in diese Lage gebracht hat. Er sagt, sie könnten jetzt nicht aufbrechen. Der Sturm sei zu stark. Beide wissen, dass der Überlebenswille allemal stärker ist als jeder Sturm. Aber wie sollen sie die Spur finden? Scott bleibt dabei, dass es zu sehr stürme, um zum Ein-Tonnen-Depot zu gehen, allein oder zu zweit. So vergeht die Zeit. Sie schreiben Abschiedsbriefe. Bowers schreibt an seine Mutter. Nur ihretwegen würde er gern am Leben bleiben. Er beruhigt sie mit den Worten:

> Wie sehr fühle ich mit Dir, wenn Du dies alles hören wirst, aber Du kannst gewiss sein, das Ende war für mich friedvoll, denn es ist nur ein Schlaf in der Kälte.

Wer bis zum Schluss schreibt, ist Scott. Er schreibt eine einzige große Selbstrechtfertigung.

Immer wieder schlafen alle drei ein, jeder für sich, und jeder wacht wieder auf, um als Erstes festzustellen, ob die anderen noch leben. Irgendwann weiß auch der Letzte, der noch Kraft hat, dass er sich draußen nicht mehr vorwärtsschleppen kann. Es bleibt das Hoffen auf die Hunde. Aber es ist kein Bellen zu

hören. Im Traum besteht noch Hoffnung. Scott will aufrecht sterben, wie ein Krieger nach verlorener Schlacht. Er richtet sich auf, ordnet noch sein Vermächtnis, nämlich seine Tagebücher und die vielen Abschiedsbriefe, die er geschrieben hat. Dann öffnet er seinen Schlafsack und lässt die Kälte in sich dringen. Wilson und Bowers schlafen weiter in ihren Schlafsäcken.
In meinem Wirtshaus ist es ganz still. Bin ich es, der das alles erzählt? Oder träume ich?

Die Rettung so nah?

Bis heute wird immer wieder neu gerätselt, warum Scott, Wilson und Bowers das Ein-Tonnen-Depot nicht erreicht haben: Nur noch 20 Kilometer, dann hätten sie es geschafft! Das rettende Ufer schon in Sicht, sind sie trotzdem untergegangen! Aber das ist die Vorstellung, die man bekommt, wenn man nur einen Blick auf die Karte wirft. Man muss auch den Zustand der Männer berücksichtigen. Und darüber gibt Scotts Tagebuch eindeutig Auskunft. Nach über 2.000 Kilometern Marsch, davon viel zu Fuß und die Hälfte vor einen schweren Schlitten gespannt, waren die Männer ausgebrannt. Sie litten unter Skorbut und

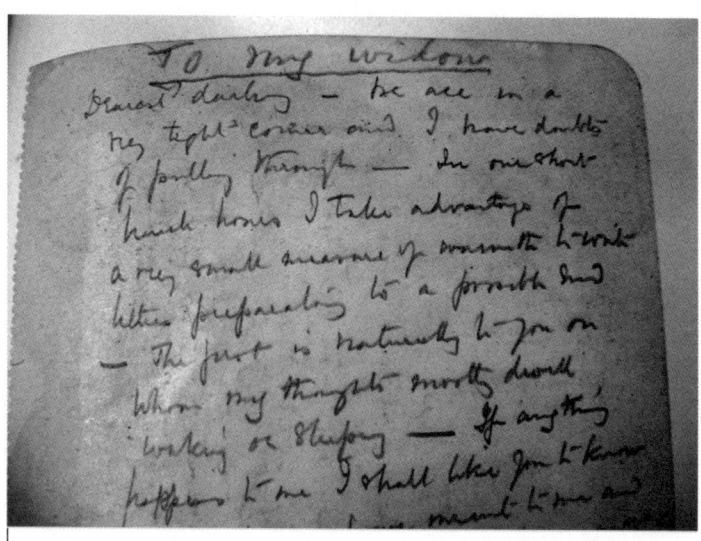

Scotts Abschiedsbrief: „An meine Witwe"

schweren Erfrierungen. Es fehlte an Wärme, Essen und Erholung. Sie konnten nicht mehr weiter, Scott konnte nicht mehr weiter. Er hätte als Nächster das Schicksal von Evans und Oates geteilt. Nur war wohl er nicht bereit, sich aufzuopfern. Am 14. März schrieb er: „Das Ende ist nahe." Am 16.: „Das Ende ist sicherlich nicht mehr weit." Am 17.: „Dass wir uns doch durchschlagen werden, glaubt im Herzen keiner von uns mehr." Am 18. schrieb er jedoch: „Die anderen glauben noch, dass wir durchkommen." Und am 21.: „Wilson und Bowers wollen zum Depot gehen, um Brennstoff zu holen." Am 29. März schrieb Scott zum letzten Mal in sein Tagebuch, darunter die berühmten letzten Sätze:

> „Es ist ein Jammer, aber ich glaube nicht, dass ich noch weiterschreiben kann. — Letzte Eintragung: Um Gottes willen, sorgt für unsere Leute!"

In den zwei Wochen, die sie in ihrem Zelt auf jeden Fall noch lebten, muss es Gelegenheiten gegeben haben, zum nächsten Depot zu gehen, es wenigstens zu versuchen, so wie Thomas Crean das tat. Weil das nicht geschah, spricht alles dafür, dass Scott die beiden anderen davon überzeugte, den Heldentod zu sterben.

Tod und Verklärung

Warten, endloses Warten! Wie verhält man sich am besten, wenn man ständig gespannt lauscht, ob es draußen an die Wand klopft? Wir warten am Kap Evans, wo ich mich von den Strapazen unseres Marsches erhole. Andere sind auf dem Schelfeis, um Scott abzupassen. Aber Scott hat keine genauen Anweisungen hinterlassen, ob und wie man seiner Gruppe entgegengehen soll. Zwei von uns warten tagelang am Ein-Tonnen-Depot, ohne zu wissen, wie nahe sie der Polgruppe sind, die ein paar Kilometer weiter um ihr Leben kämpft. Einmal wird sogar das Grammofon aufgezogen, um die britische Hymne abzuspielen, weil alle sicher sind, die fünf kämen zurück. Aber es sind die, die auf dem Eis Scott abpassen wollten. Das Warten bleibt und die Hoffnung schwindet wie die Sonne, die immer tiefer am Himmel steht. Alle Berechnungen werden nutzlos. Und wie rechnen wir bis zum Schluss! Noch könnten sie Nahrung haben, sagen wir uns. Im Ein-Tonnen-Depot ist genug, um noch Wochen zu überleben, auch genug Petroleum. Von dort sind es, wenn es gut läuft, zehn Tage bis zu uns, 20 Tage, wenn es ganz schlecht läuft, 30 Tage, wenn ... Auch dafür könnte der Proviant vielleicht noch reichen. Doch es hilft nichts. Zwar zieht Atkinson mit einem Kameraden noch einmal los, um Scott irgendwie vor dem Ziel abzufangen, doch sie geraten bald in einen Schneesturm und kehren um. Ab April besteht keine Hoffnung mehr. Sie stirbt wie die Sonne, die bald endgültig hinter dem Horizont verschwindet. Wir bereiten uns auf den zweiten Winter vor, den wir irgendwie überstehen müssen. Atkinson ist unser neuer Leiter, der uns gut durch die dunkle Jahreszeit bringt. Er gibt keine Befehle, äußert nur Wünsche und mehr ist nicht nötig. Wir haben auch Spaß, schließlich sind wir am Leben.

Als die Sonne endlich wieder am Himmel steht, hat Atkinson bis dahin einen Suchtrupp zusammengestellt, dem ich mich sofort angeschlossen habe. Wir brechen so früh wie möglich auf, schon Ende Oktober, um nach der Polgruppe zu suchen. Wir kommen am gut gefüllten Ein-Tonnen-Depot vorbei, ziehen weiter nach Süden.

Anstelle von Scott leitete Dr. Atkinson die verbliebene Truppe.

Da zeichnet sich in 20 Kilometern Ferne ein seltsamer Hügel, eine Art Schneewarte, ab. Es ist das Zelt. Noch immer steht es aufrecht da und ist nur teilweise von Schnee bedeckt. Wir stehen schweigend davor. Dann geben wir uns einen Ruck und schaufeln es frei. Wir entscheiden, dass Atkinson und William diejenigen sein sollen, die in das Zelt gehen. Mir wird es auch angeboten, weil ich wie

William die fünf zum letzten Mal gesehen habe. Doch ich kann nicht. Das lassen meine Gefühle nicht zu.

Wir stehen vor dem Zelt und versuchen, nirgends hinzusehen, ziehen höchstens mal die Augenbrauen hoch, während nur der ewige Wind zu hören ist, der über die riesige Eisfläche streicht. Als William herauskommt, weint er. Am Ende haben wir doch alle in das Zelt gesehen. Wilson und Bowers liegen in ihren zugezogenen Schlafsäcken, als würden sie noch schlafen wie sonst auch, während in ihrer Mitte Scott halb aufgerichtet dasitzt. Wer das Zelt betritt, sieht in sein bärtiges, zerschundenes Gesicht, auf dem der Anflug eines Lächelns steht. Immerhin heißt es, dass es nicht unangenehm ist zu erfrieren.

Atkinson liest Scotts Tagebuch, um zu erfahren, was vorgefallen ist. Dann erzählt er uns die Geschichte. Die fünf stehen mir wieder so lebhaft vor Augen: der Antreiber Scott, Wilson und Bowers, die Zähen, der mächtige Taff, dazu Oates, der von allem längst genug hatte. Hätte mich Scott mitgenommen, wäre ich dann durchgekommen, allein, wie auf unserem Rückweg? Warum haben es Bowers und Wilson nicht geschafft? Hätte auch ich im Schneesturm das Zelt verlassen? Immer wieder kommen mir die Tränen.

Am Ende nehmen wir alle persönlichen Gegenstände an uns und lösen nur die Zeltstangen, um ihr Grab unbeschädigt zu lassen. Seit Monaten liegen sie dort bequem. In den nächsten Stunden schichten wir ein Monument aus Eis auf, das so groß wie möglich sein soll, damit es so lange wie möglich bestehen

bleibt. Erst um Mitternacht sind wir fertig. Die Sonne steht tief am Himmel und wirft die längsten Schatten. Als wir endlich schlafen, quälen mich entsetzliche Albträume – dass ich nicht mehr aus dem Zelt käme!
Am nächsten Tag ziehen wir noch weiter nach Süden, weil wir aus Scotts Tagebuch wissen, was Oates getan hat. Aber seine Leiche finden wir nicht, nur seinen Schlafsack. Wir erkennen ihn daran, dass er ein Loch hineingeschnitten hat, durch das er einen Fuß steckte, der ihm erfroren war. Er wollte sich so die Schmerzen ersparen, die ihm das Auftauen bereitet hätte.

Ein Hügelgrab aus Eis umschloss das Zelt, in dem Scott, Wilson und Bowers starben.

Auf dem Rückweg tauschen William und ich immer wieder Blicke aus, als müssten wir uns versichern, noch am Leben zu sein. Wie viel Glück haben wir gehabt!
Die nächsten Wochen vergehen wieder mit Warten, und zwar auf die Rückkehr der *Terra Nova,* die endlich am 18. Januar 1913 eintrifft. Knapp einen Monat später erreichen wir Neuseeland, von wo es bald zurück nach England geht. Wir erfahren, dass die Nachricht vom Schicksal Scotts und seiner Männer ganz Großbritannien auf den Kopf stellt. Was ist da plötzlich los! Schon in Neuseeland scheint es kein anderes Gespräch mehr

zu geben. Die Leute sind ergriffen, als hätte ihnen jemand persönlich Leid zugefügt. Manche verhalten sich, als stünde plötzlich das Schicksal der Nation auf dem Spiel. Zwar wirkt der Untergang der *Titanic** noch immer nach, nur geht es doch hier um Männer, die ihr Schicksal herausgefordert haben!
Ich selbst aber habe meinen Nutzen davon. Wir werden als Helden empfangen. Aus den Händen des Königs erhalten wir alle im Buckingham Palace die *Polar Medal*, William und ich noch zusätzlich die *Albert Medal*, zweiter Klasse, weil wir das Leben von Edward Evans gerettet haben. Für mich ist es wichtig, dass ich befördert werde, und zwar zum Unteroffizier, rückwirkend zum 9. September 1910. Damit hat sich das Unternehmen für mich tatsächlich gelohnt, vielleicht mehr, als wenn Scott am Leben geblieben wäre. So ist es, auch wenn es gemein klingt. Hätten Scott und die anderen überlebt, wären wir als Verlierer nach Großbritannien zurückgeschlichen. Ich habe nun Geld und einen hohen Rang, wobei ich körperlich unversehrt geblieben bin. Im Unterschied zu anderen habe ich keine Zähne verloren, habe mir nicht die Nasenspitze abgefroren oder die Zehen oder die Ferse – im Gegenteil, könnte ich sagen: Ich habe wegen Scott ein Auskommen gefunden, nämlich als einer der erfahrensten Männer im antarktischen Eis. Aus dieser Rolle kann ich gar nicht mehr hinaus. Kaum dass ich zu Atem komme! Schon kurze Zeit nach unserer Rückkehr kommt schon wieder ein Angebot, zum Südpol zu gehen – diesmal von Scotts großem Gegenspieler Shackleton.

Was auf dieser Expedition geschehen ist, dafür gibt es überhaupt keinen Vergleich. Als müsste die Ehre Großbritanniens in der Antarktis wiederhergestellt werden, soll diesmal der eisige Kontinent insgesamt durchquert werden. Nur friert unser Schiff *Endurance* im Packeis fest, ehe wir überhaupt Land erreichen. Monatelang driften wir dahin, den ganzen sonnenlosen Winter hindurch, und als wir diese Irrfahrt überstanden haben, wird unser Schiff doch vom Eis in die Zange genommen. Die *Endurance* wird so gepackt, dass sie wie unter Todesqualen aufschreit und zerdrückt wird. So treiben wir auf dem Packeis dahin, monatelang, bis es unter unseren Füßen zu zerbrechen droht. Wir schaffen es, mit den Rettungsbooten festes Land zu erreichen, auf der Insel Elephant Island. Doch würde uns dort keiner finden, niemals! So beschließt Shackleton, der wie ein Löwe um unser Leben kämpft, mit einem der Rettungsboote Südgeorgien anzusteuern. Diese Insel ist für uns ein Punkt in der Weite des Atlantiks, 1.300 Kilometer entfernt. Dort betreiben die Norweger eine Walfangstation. Andere können erzählen, wie wir zu sechst diese Fahrt geschafft haben, während wir unsere Kameraden zurücklassen müssen: über ein eisiges Meer, das die Wellen haushoch auftürmt. Doch sind wir auch damit nicht gerettet, weil wir an der Südseite der Insel angelandet sind. Die Walfangstation liegt aber auf der Nordseite, hinter über 1.000 Meter hohen, vergletscherten Bergen. Ohne Zelt und Schlafsack machen wir uns zu dritt auf den Weg. Wir wissen, wenn wir uns schlafen legen, werden wir auf ewig schlafen. Obwohl wir immer wieder den falschen Weg einschlagen, schaffen wir den Marsch in 36 Stunden. Ein alter norwegischer Seemann fängt an zu weinen, als er hört, wer wir sind und woher wir kommen. Eine eigene Geschichte ist das Schicksal unserer zurückgelassenen Kameraden auf Elephant Island. Shackleton gelingt es nach vier Monaten endlich, auch sie zu retten. Auf einen wie ihn wäre immer Verlass.

Von Eismassen zerdrückt: die *Endurance*

Moderne Heldensagen

Sicherlich gibt es kaum ein spannenderes Tagebuch als das von Scott über seine Südpolexpedition. Nur muss man beim Lesen immer auf der Hut sein, denn Scott schrieb sein Tagebuch nicht für sich selbst, sondern für die Öffentlichkeit. Er wusste genau, was seine Aufzeichnungen bewirken würden, zumal er sich bestens ausdrücken konnte. Mithilfe seines Tagebuchs konnte sich Scott selbst rechtfertigen – und alle mögliche Schuld von sich weisen, besonders die am Tod seiner Kameraden. Er schob den verhängnisvollen Ausgang auf das Pech, auf das Schicksal, also auf unberechenbare Kräfte. Bewusst setzte er sein Scheitern in Szene. So schrieb er noch eine *Botschaft an die Öffentlichkeit*. Darin heißt es:

> Die Ursachen des Desasters liegen nicht in fehlerhafter Organisation, sondern im Missgeschick bei allen eingegangenen Risiken … Wir sind schwach, zu schreiben ist schwierig, aber um meinetwegen bedauere ich diese Reise nicht, die gezeigt hat, Engländer können Härte ertragen, sich gegenseitig helfen und dem Tod mit so viel Stärke begegnen wie schon immer in der Vergangenheit. Wir sind Risiken eingegangen, wir wussten, dass wir das taten; die Dinge haben sich gegen uns gewendet und daher haben wir keinen Grund zur Beschwerde, sondern müssen uns dem Willen der Vorsehung beugen, wobei wir immer noch ent-

> schlossen sind, bis zum Ende unser Bestes zu geben. Hätten wir überlebt, hätte ich eine Geschichte zu erzählen gehabt von Entbehrungen, der Standhaftigkeit und dem Mut meiner Gefährten, die das Herz jedes Engländers gerührt hätte. Nun müssen diese groben Notizen und unsere toten Körper die Geschichte erzählen.

Scott war geübt darin, auf dem weißen Blatt Papier Spannung zu erzeugen und Gefühle zu wecken. So wirkt sein Tagebuch bis heute. Es ist ergreifend. Am Beispiel des Schicksals von Lawrence Oates zeigt sich das besonders gut. Als Oates das Zelt verließ und in den Tod ging, tat er das bestimmt nicht „mit dem Gedanken, dass sein Regiment sich freuen würde zu hören, wie tapfer er dem Tod entgegengesehen habe", wie Scott schrieb. Sein Tagebuch verschweigt alles, was dieser Tat vorausging. Oates hatte wohl einfach keine andere Wahl, als seinem Leben ein Ende zu setzen. Als er keine Rettung für sich sah, hat er sich umgebracht, mehr nicht. Es wurde von ihm erwartet. Die Verantwortung für seinen Tod trug allerdings Scott selbst, nämlich durch seine Entscheidung, ihn unbedingt zum Pol mitzunehmen. Seinen körperlichen Zustand hatte er nicht überprüft. Zudem hatte sich Scott für fünf Mann entschieden, was die ganze Planung über den Haufen warf. Der Tod der Männer machte Scotts Expedition zur Legende. Wäre er lebend nach Hause gekommen, hätte man sein ganzes Unternehmen infrage gestellt – und kein gutes Haar

an ihm gelassen. Alle seine Fehler treten auch deswegen so klar zutage, weil es einen Vergleich gibt: mit Amundsen. Aber wegen Scotts Tod wollte davon niemand etwas wissen.
Die englische Gesellschaft war schockiert. Eigentlich hatte sich wie bei der Franklin-Expedition gezeigt, dass die Errungenschaften der modernen Zivilisation doch nicht unbedingt überlegen sein mussten: Im Rennen zum Pol hatten wenig gebildete Menschen auf von Hunden gezogenen Schlitten gegen Technikgläubigkeit und militärische Ordnung gesiegt. Aber dagegen setzte man das Heldentum und die Sportlichkeit: Scott hätte mit seinen Männern die Schlitten schließlich mannhaft selbst gezogen. Man sah seinen Marsch zum Südpol nur als Drama und dafür hatte er mit seinem Tagebuch den Stoff geliefert, einschließlich seiner Rechtfertigungen: Wenn das Wetter nicht so kalt gewesen wäre, wenn es nicht so viele Stürme gegeben hätte, wenn Evans und Oates sie nicht aufgehalten hätten ...

Sperrstunde

Ich bin ganz benommen. Habe ich wirklich so viel erzählt? Jetzt will ich meine Ruhe. Was ich erlebt habe, kann sowieso keiner verstehen. Wer kann sich schon vorstellen, wie man sich wochenlang durch eine Welt bewegt, die immer nur kalt, windig und weiß ist und wo der einzige Unterschied darin besteht, ob man von der Sonne verbrannt, von Nebel durchnässt oder von Stürmen geschlagen wird?

Und wer kann schon nachvollziehen, wie es ist, wenn man zweimal die Welten gewechselt hat wie ich? Meine Heimat gehört inzwischen nicht mehr zum Königreich Großbritannien. Unabhängigkeitskämpfer haben für unser Land die Freiheit errungen, wie es heißt. Irland soll ein selbst verwalteter, eigener Staat werden. Das hat wohl seine Berechtigung und in diesen Zeiten führt kein Weg daran vorbei. Wir Iren sind in unserer Geschichte von den Briten schlimm unterdrückt worden, da konnte es am Ende keinen anderen Weg als den Kampf um die Freiheit geben, auch wenn sie uns immer mehr Rechte zugestanden haben. War ich denn Außenseiter unter allen Teilnehmern der *Terra-Nova*-Expedition? Haben nicht alle mit mir auf Augenhöhe gesprochen, sogar Scott? Bin ich nicht immer wieder befördert und ausgezeichnet worden?

So lebe ich seit 1921, einem Jahr nach meiner Entlassung aus der britischen *Navy,* in einer anderen Welt, dem „Irischen Freistaat", der geprägt ist vom Hass auf die Briten und vom katholischen Glauben. Diesen Wechsel meiner Welt habe ich mir nicht ausgesucht, auch wenn ich ihn akzeptiere. Also bin ich vorsichtig, weiß ich doch, dass es heute nicht immer gut angesehen ist, wenn man im Dienst der Briten stand, und zwar an bedeutender Stelle. So habe ich mich eigentlich dafür entschieden zu schweigen. Auf diese Weise komme ich erst gar nicht in Rechtfertigungsnot, denn in einer solchen befinde ich mich sofort, wenn es um mich als Wanderer zwischen zwei Welten geht. Alles wälzt sich in diesen Zeiten um. Und wenn das passiert, ist man besser auf der Hut. So etwas hat mit Gewalt zu tun, in die man leicht selbst verstrickt wird, wenn man sich zu weit aus dem Fenster lehnt.

Längst ist das bisschen Schnee draußen wieder geschmolzen. Nun kommt es mir vor, als würde ich aus einem Rausch aufwachen. Ich erkenne, wie mich alle weiter gebannt anstarren. Ich bin kein Geschichtenerzähler. Ich singe gern, reiße auch mal Witze, aber ich mag nicht so gern erzählen. All die Erinnerungen beschäftigen mich dann zu sehr und ich habe schlaflose Nächte. Außerdem kommen dann immer Nachfragen, so wie jetzt. Howard ruft mit schwerer Zunge: „Aber sag doch wenigstens noch, was aus Amundsen geworden ist. Was mit Scott ist, ist ja wohl klar."

Meine Gäste lachen. Sie lachen das laute, übertriebene Guinness-Lachen. Ich will jetzt nicht mehr.

Der alte Bill sagt mitfühlend: „Der liegt in seinem eisigen Grab immer noch auf dem Schelfeis, oder nicht?"

„Den können doch die Engländer suchen und unversehrt ausstellen!", grölt Howard.

„Mach dich nicht lustig!", ruft da Ellen. „Ja, er ist inzwischen bestimmt 25 Meter tief von Eis bedeckt und kilometerweit zur Abbruchkante gewandert. Irgendwann wird er in seinem kühlen Grab in einem Eisberg vom Ross-Schelfeis abbrechen und hinaus ins offene Meer treiben. Der Eisberg wird sich auflösen und Scott und die beiden anderen freigeben. Sie werden auf den Grund des Meeres sinken. Kann man sich ein fantastischeres Grab vorstellen?"

„Und Amundsen?", fragt der alte Bill.

Ich schaue nach Ellen. Sie versteht. Diesmal sind alle sofort still.

„Wenn man so einen Abenteurer zum Mann hat und selbst nicht aus diesem Kaff rauskommt, will man alles wissen, was mit ihm zu tun hat. Auch Amundsens Leben kenne ich genau: Solange von Scotts Schicksal noch nichts bekannt ist, kann Amundsen den Ruhm für sich auskosten. Er geht auf Vortragsreisen, verdient damit recht viel Geld und wird doch immer wieder um Erklärungen gebeten: Wieso hat er seine Südpol-Expedition nicht angekündigt? Weshalb hat er Scott nicht rechtzeitig Bescheid gesagt? Warum diese Heimlichtuerei? Amundsen spürt, es geht um seine Ehre. Und um die scheint es erst

recht zu gehen, als Scotts Schicksal bekannt wird. Danach unternehmen die Engländer alles, um *ihre* Ehre zu retten – weswegen die von Amundsen infrage gestellt wird. Schon der Präsident der Königlichen Geografischen Gesellschaft schließt 1912 in London eine Rede vor Amundsen mit den Worten ‚Ich trinke auf die Hunde!' – und da weiß er noch nicht einmal von Scotts Tod. Als wäre Amundsens Leistung weniger wert, nur weil Scott irrwitzigerweise darauf gesetzt hatte, voll beladene Schlitten über Tausende von Kilometern durch ewiges Eis *selber* zu ziehen!
Danach steht Amundsen erst recht als Schwindler da, der unaufrichtig und unfair gehandelt hätte. Wie soll er sich gegen die Meinung eines Weltreiches wehren, das Scott zu einem seiner größten Helden verklärt? Dann erschießt sich 1913 auch noch Hjalmar Johansen, den Amundsen in Framheim so abgekanzelt hatte. Es ist, als läge nun ein Fluch auf ihm. Er ist jetzt geradezu gezwungen, sein Polarunternehmen weiterzuführen, so wie er es angekündigt hatte: Dass der Südpol für ihn eigentlich nur eine Zwischenstation zur Erforschung der Arktis wäre. Nur kommt der Erste Weltkrieg dazwischen. An dem aber verdient Amundsen ordentlich, weil er mit Geld spekuliert. Er wird so reich, dass er ein eigenes Schiff bauen lassen kann, die

Maud, um diesmal die Nordostpassage zu durchfahren. Sogar die Nordostpassage! Auch das gelingt mehr oder weniger erfolgreich, nur ist der Sinn des ganzen Unternehmens nicht mehr zu fassen. Wer kann noch verstehen, was es soll, jahrelang Gegenden im Eis zu durchfahren, wo vielleicht noch kein Mensch war, jedenfalls kein Europäer? Wer am Südpol war, kann danach keine größeren Ziele mehr haben.

Doch Amundsens Leben ist darauf angelegt, Neuland zu betreten. Auf dem Land und mit dem Schiff hat er alles ausgereizt. Was bleibt, ist die Luft. Und was bleibt, ist der Nordpol. Es ist immer noch die große Frage, ob die beiden Amerikaner Cook und Peary wirklich bis dorthin gelangt waren.

Amundsen hat von Anfang an erkannt, was für neue Möglichkeiten das Flugzeug eröffnet. Statt monatelang in einem driftenden Schiff eingeschlossen zu sein oder mühselig Schlitten über ewiges Eis zu ziehen, würde nun ein kurzer Flug reichen. Statt Kälte und Finsternis künftig Licht und Wärme. Der amerikanische Millionärssohn Lincoln Ellsworth macht plötzlich seine Träume wahr und stiftet viel Geld.

Amundsen ist seit Langem von einer Idee besessen: zum Nordpol zu fliegen. Er kauft zwei Flugzeuge und startet mit jeweils drei Mann Besatzung am 21. Mai 1925 von Spitzbergen zum Nordpol. Der Plan ist, am Nordpol zu landen, den restlichen Treibstoff von einem der Flugzeuge in das andere zu füllen und dann mit diesem wieder zu starten. Doch kurz vor dem Ziel fällt eines der Flugzeuge aus, weshalb zur Rettung auch das andere landet. Anschließend besteht der Kampf der sechs Männer darin, eines der beiden Flugzeuge wieder in die Luft zu bringen. Sie müssen im Packeis eine Startpiste anlegen. Nach einigen Fehlversuchen setzen sie nach dreieinhalb Wochen, als viele sie schon aufgegeben haben, alles auf eine Karte. Mit so wenig Ausrüstung wie möglich besteigen alle sechs das eine der beiden Flugzeuge – und heben ab. Obwohl die sechs eigentlich nichts anderes getan haben, als ihr Leben zu retten, ist Amundsens Name wieder in aller Munde. Nun geht er noch einen Schritt weiter. Der Nordpol bleibt weiter sein Ziel.

Außer den Flugzeugen, deren Reichweite begrenzt ist, gibt es ja ein Fluggerät, mit dem man ganze Kontinente überwinden

Das Luftschiff *Norge* bei der Abfahrt in Spitzbergen

kann: das Luftschiff. Wieder sorgt Ellsworth dafür, dass das Unternehmen bezahlt werden kann. Unter der Leitung Amundsens wird ein von dem Italiener Umberto Nobile gebautes Luftschiff gekauft und auf den Namen *Norge* für ‚Norwegen' getauft. Am 11. Mai 1926 steigt es in Spitzbergen auf und ist am nächsten Tag am Nordpol. Wie hat sich die Welt gewandelt! In einer geschlossenen Gondel mit herrlicher Aussicht fährt man nun in knapp 16 Stunden zu einem Ziel, das man vorher nur erreichen konnte, indem man sich monatelang hungernd und frierend abrackerte. Zur Krönung ihres Erfolgs stoßen sie in der Luft mit Eierlikör an, über einem Punkt auf dem Globus, der nichts als zugefrorenes Meer ist.

Weil Amundsen auf seinen Unternehmen niemanden neben sich dulden kann, der ihn als Leiter anzweifelt, beobachtet er Nobile schon auf der Fahrt mit dem Luftschiff mit Argusaugen. Sicher landet die *Norge* in Alaska. Das wird als großer Erfolg herausgestellt, wenn auch inzwischen nur noch als eine Art Sport. Die Zeitungen steigern mit solchen Geschichten ihre Auflage. Aber Amundsens Misstrauen gegen Nobile wächst danach und wächst. Der Erfolg wird eher Nobile und seinem Luftschiff zugesprochen als irgendeinem Plan Amundsens. Dabei geht doch das Unternehmen auf ihn zurück! Amundsen wird zum Berserker, wenn man ihm unrecht tut. Er schlägt um sich, in Zeitungen und einem neuen Buch. Kaum jemand versteht ihn noch, kaum jemand kann noch mit ihm umgehen. Er ist abgrundtief verbittert. Er versteht das Ende der Welt, die Welt selbst aber nicht. Wieder wird sein Ansehen in den Schmutz gezogen, denkt er, seine Leistung kleingeredet. Doch auch Nobile hat eine Ehre zu verteidigen. Er baut das neue Luftschiff *Italia* und startet eine neue Fahrt unter eigenem Kommando zum Nordpol. Doch diesmal geht das Unternehmen nicht gut aus. Die *Italia* verunglückt. Ihre Führergondel wird auf tiefer Fahrt im Eis abgerissen, während das Luftschiff entschwebt. Den Überlebenden gelingt es, Notsignale zu senden. ‚Sofort los!', ruft Amundsen auf einem Diner, als er davon erfährt. Er fühlt sich verpflichtet zu helfen, auch wenn es um einen Erzfeind geht. Den Tod Scotts ist er nicht mehr losgeworden. Außerdem

Umberto Nobile, (1885–1978) italienischer Flugpionier

ist Nobile ja schon deswegen noch einmal aufgebrochen, um sich gegen Amundsens Anschuldigungen zu wehren. Würde der Italiener umkommen, hätte der Norweger ihn auf dem Gewissen. So würde man es darstellen in einer Welt, die aus einer endlosen Reihe böser, verantwortungsloser Kreaturen besteht, die nichts Gutes im Sinn haben. So sieht er es schon lange. Doch lässt man Amundsen nicht helfen. Fast alle großen Staaten der Welt schicken Rettungsflugzeuge, auch um selbst Größe zu zeigen. Amundsen ist da nicht wirklich nötig. Für ihn sind keine Mittel übrig. Geradezu verzweifelt bittet er darum, helfen zu dürfen. Da springt die französische Regierung ein und stellt ihm ein Flugboot zur Verfügung. Bei der nächsten Gelegenheit fliegt er mit zwei Begleitern los, in einem ungeeigneten Flugzeug. Man hört nie wieder von ihnen. Monate später werden Teile des Flugzeugs gefunden, die zu einem Floß umgebaut wurden. Wer will sich ausmalen, wie die drei um ihr Leben gekämpft haben? So wie Scott und seine Leute? So wie er hat Amundsen sein Grab im ewigen Eis gefunden. Scotts Schicksal hat ihn für den Rest seines Lebens gefesselt."

Ich atme schwer, als Ellen aufhört zu reden. Die Sperrstunde ist längst vorüber und ich habe nun das Gefühl, allein sein zu müssen. In der Antarktis war es auch so: Nach dem langen anstrengenden Tag redeten wir manchmal noch lange im Zelt, ehe jeder die Kapuze an seinem Schlafsack zuzog und damit für sich war. Ich sage: *„Drink up, please"*, rücke im Raum die Hocker zurecht und nehme einen Besen in die Hand, obwohl ich den Schmutz auf dem Boden nicht genau sehen kann.

Als endlich auch Howard geht, der mir noch auf die Schulter klopft und wie aufmunternd sagt: „Dass du das alles erlebt hast ...", merke ich, wie traurig ich bin. Ellen spürt es. Sie hört auf, die Tageseinnahmen zu zählen, kommt zu mir und tröstet mich. Ich schweige und denke daran, wo ich bin und wo ich einmal war. Meine vielen alten Freunde kommen mir in den

Sinn, die, die ich nie mehr sehen werde. Als mir plötzlich die Tränen kommen, fängt Ellen an zu singen: „*Should auld acquaintance be forgot ...*"* Wir singen noch lange.

Leseliste

Roald Amundsen: *Die Eroberung des Südpols 1910–1912*
Stuttgart, Wien 1984
(Der lakonische Originalbericht)

Robert F. Scott: *Tragödie am Südpol*
München 2001
(Die berühmten, heroisch verfassten Tagebucheintragungen)

Roland Huntford: *Scott & Amundsen:*
Dramatischer Kampf um den Südpol
München 2000
(Die schonungslose Analyse beider Unternehmungen)

Stefan Zweig: *Der Kampf um den Südpol*
(In: Sternstunden der Menschheit)
Frankfurt am M. 1985
(Die klassische, heldenhafte Erzählung im Sinne Scotts)

Personenregister

Zur britischen Polmannschaft gehörten:
Robert Falcon Scott (1868–1912), Expeditionsleiter
Edward Adrian Wilson (1872–1912), Wissenschaftler
Henry Bowers (1883–1912), Lagerverwalter
Lawrence Oates (1880–1912), Ponyführer
Edgar „Taff" Evans (1876–1912), Techniker

Zu ihrer letzten Unterstützungsgruppe gehörten:
Edward Evans (1881–1957), zweiter Expeditionsleiter
William Lashly (1867–1940), Techniker
Thomas Crean (1877–1938), Mädchen für alles

Glossar

Cook, Frederick Albert (1865–1940) | *Nahm für sich in Anspruch, im April 1908, ein Jahr vor seinem amerikanischen Landsmann Robert Edwin Peary, als erster Mensch den Nordpol erreicht zu haben. Dieser Erfolg war aber immer zweifelhaft, zumal er den Pol allein mit zwei Eskimos erreicht haben will. Daraus lernte Amundsen, unbedingt Beweise für seine Ankunft am Südpol zu sammeln. Cook war ein guter Freund Amundsens, der am Anfang seiner Karriere viel von ihm gelernt hat. Am Ende seines Lebens hielt man ihn wegen eines vergleichsweise nichtigen Betrugs jahrelang eingesperrt.*

Crean, Thomas (1877–1938) | *Nahm unter Shackleton und Scott an drei der wichtigsten britischen Expeditionen in die Antarktis teil. Auf seinem letzten Posten an Bord eines Schiffes stürzte er so schwer, dass fortan seine Sehkraft eingeschränkt war. Er wurde aus medizinischen Gründen 1920 pensioniert. Daraufhin eröffnete er in seinem irischen Heimatort ein Gasthaus. Mit Frau und Kindern lebte er dort zurückgezogen und bescheiden. Er starb an einem Blinddarmdurchbruch.*

Eskimo | *Übliche Bezeichnung für die ursprünglich aus dem Inneren Asiens stammenden Bewohner der Polargebiete, von denen sich ein Teil selbst Inuit nennt.*

Franklin, John (1786–1847) | *Leitete auf der Suche nach der Nordwestpassage eine der geheimnisumwittertsten Expeditionen der Polargeschichte, da sie zum Tod aller 129*

	Teilnehmer führte. Die Gründe sind bis heute nicht klar. Man geht vor allem von Bleivergiftung und Skorbut aus. Franklins Scheitern verhalf der Arktis-Forschung zu großem Aufschwung, weil in Großbritannien über Jahre nichts unversucht gelassen wurde, sein Schicksal aufzuklären.
Nansen, Fridtjof (1861–1930)	*Gewann als einer der bedeutendsten Polarforscher wichtige Erkenntnisse über den Aufbau der Arktis. Er durchquerte Grönland auf Skiern und ließ sich mit dem Schiff* Fram *durch das Packeis treiben. Damit setzte er die Maßstäbe für alle weiteren Polar-Expeditionen. In seinem späteren Leben engagierte sich Nansen als Politiker für sein Land Norwegen und für den Frieden.*
Nimrod-Expedition	*Benannt nach dem Schiff* Nimrod *und geführt von Ernest Shackleton 1908/1909. Mit einer Gruppe von vier Mann gelang es Shackleton, bis auf 180 Kilometer Entfernung zum Südpol vorzustoßen. Dazu überwanden sie als erste Menschen das Transantarktische Gebirge und betraten das Polarplateau.*
Opium	*Bekanntestes und ältestes Betäubungs- und Schmerzmittel. Es wird aus Schlafmohn hergestellt.*
Peary, Robert Edwin (1856–1920)	*Gilt oft noch bis heute als erster Mensch am Nordpol, den er im April 1909 erreicht haben will. Diesen Anspruch musste er aber erst gegen seinen amerikanischen Landsmann Frederick Albert Cook durchsetzen. Heute lässt sich mit Sicherheit sagen, dass auch Peary nicht am Nordpol gewesen sein kann.*

Pemmikan	Früher die konzentrierteste, kalorienreichste Nahrung, die es gab. Es wurde aus getrocknetem Fleisch hergestellt, vermischt mit geschmolzenem Fett.
Sextant	Einfaches Messinstrument, an dem die Höhe bestimmter Sterne abgelesen werden kann, um so auf der Erde den Breitengrad zu bestimmen.
Skorbut	War seit dem Beginn der europäischen Entdeckungsreisen im 15. Jahrhundert die schreckliche Plage der Seefahrer. Der Skorbut entsteht durch Mangel an Vitamin C. Zeichen dafür sind blutendes Zahnfleisch, sich lockernde Zähne, geschwollene Glieder, Niedergeschlagenheit. Am Ende steht der Tod. Die einzige Hilfe ist frische Nahrung, in den Polargebieten am besten Robbenfleisch, wenn nicht roh gegessen, dann wenigstens nicht ganz durchgekocht.
Should auld acquaintance be forgot	Anfang des schottischen Liedes „Old Lang Syne", das im englischsprachigen Raum meist um Mitternacht an Neujahr gesungen wird. Es erinnert an die Verstorbenen. Die deutsche Fassung lautet: „Nehmt Abschied Brüder".
Takelung	Bemastung eines Segelschiffs und dessen Ausstattung mit Segeln
Titanic	Passagierdampfer, der dem neusten Stand der Technik entsprach. Das Schiff war das größte der Welt und wurde als unsinkbar angepriesen. Die Titanic stieß auf ihrer ersten Fahrt, der Jungfernfahrt von England nach Amerika, am 14. April 1912 gegen einen Eisberg und sank. Dabei starben etwa 1.500 Menschen.

Inhalt

Erzählung

Im „South Pole Inn"	4
Mit der *Discovery* in die Antarktis	14
Von der Arktis in die Antarktis	30
Zum Triumph in die Antarktis	41
Der eine und der andere Aufbruch	54
Alles wie geplant	69
Überleben um Haaresbreite	82
Ein Frage von Glück?	96
Tod und Verklärung	112
Sperrstunde	122

Sachkapitel

Europa vor dem Krieg	12
Bekannte nördliche Welt	28
Unbekannte südliche Welt	38
Eis auf Wasser und Eis auf Land	52
Die Finanzierung	66
Glück und Pech	80
Scotts Fehler	94
Die Rettung so nah?	110
Moderne Heldensagen	119
Glossar	134

Abbildungen

Gemeinfrei: S. 78; Bildarchiv Preußischer Kulturbesitz (bpk): S. 13, 38, 73; bpk/Bayerische Staatsbibliothek/Archiv Heinrich Hoffmann: S. 129; National Oceanic and Atmospheric Administration, Department of Commerce (NOAA)/ Michael Van Woert: S. 15; NOAA/Steve Nicklas: S. 32, 34, 81; NOAA/Herbert G. Ponting: S. 41; NOAA/F. Debenham: S. 53; NOAA/John Bortniak: S. 90; National Science Foundation/Jim Waldron: S. 84; picture-alliance/empics: S. 17, 118; picture-alliance/akg-images: S. 45, 97; picture-alliance/© dpa-Bildarchiv: S. 127; picture-alliance/© dpa-Report: S. 110; picture-alliance/© Illustrated London News Ltd/Mary Evans Picture Library: S. 69; picture-alliance/dpa: S. 35; picture alliance/imagestate/HIP: 54, 91; picture-alliance/imagestate/HIP/Ann Ronan Picture Library: S. 28; picture-alliance/Mary Evans Picture Library: S. 115; Scott Polar Research Institute/Herbert G. Ponting S. 20, 59, 67, 95, 102, 113

Mix
Produktgruppe aus vorbildlich bewirtschafteten Wäldern, kontrollierten Herkünften und Recyclingholz oder -fasern
Zert.-Nr. SGS-COC-003210
www.fsc.org
© 1996 Forest Stewardship Council

Impressum

1. Auflage 2011
© Arena Verlag GmbH, Würzburg 2011
Alle Rechte vorbehalten
Coverillustration: Joachim Knappe
Innenillustration: Volker Fredrich
Satz: Claudia Böhme nach einer Gestaltung und Typographie von knaus. büro für konzeptionelle und visuelle identitäten, Würzburg
Gesamtherstellung: Westermann Druck Zwickau GmbH
ISBN 978-3-401-06539-7

www.arena-verlag.de

ARENA BIBLIOTHEK DES WISSENS
Lebendige Biographien

Luca Novelli

Volta
und die Seele der Roboter

Alessandro Volta entschlüsselte die Rätsel der Elektrizität und entwickelte die erste Batterie. Mit hintergründigem Humor lässt Luca Novelli den berühmten Naturwissenschaftler selbst zu Wort kommen: Von der Entwicklung eines funktionsfähigen Blitzableiters über diverse Experimente mit Methangas bis hin zu seinem berühmten „Froschexperiment" wird Voltas Forschung greifbar und lebendig.

112 Seiten. Klappenbroschur.
ISBN 978-3-401-06552-6
www.arena-verlag.de

ARENA BIBLIOTHEK DES WISSENS
Lebendige Biographien

978-3-401-06218-1

978-3-401-06398-0

978-3-401-06394-2

Eine Auswahl weiterer Titel der Reihe „Lebendige Biographien":

Luca Novelli
Newton und der Apfel der Erkenntnis
ISBN 978-3-401-06395-9

Luca Novelli
Mendel und die Antwort der Erbsen
ISBN 978-3-401-06182-5

Luca Novelli
Archimedes und der Hebel der Welt
ISBN 978-3-401-05744-6

Andreas Venzke
Goethe und des Pudels Kern
ISBN 978-3-401-05994-5

Luca Novelli
Einstein und die Zeitmaschinen
ISBN 978-3-401-05743-9

Luca Novelli
Galilei und der erste Krieg der Sterne
ISBN 978-3-401-05741-5

Luca Novelli
Darwin und die wahre
Geschichte der Dinosaurier
ISBN 978-3-401-05742-2

Luca Novelli
Leonardo da Vinci, der
Zeichner der Zukunft
ISBN 978-3-401-05940-2

Andreas Venzke
Humboldt und die wahre
Entdeckung Amerikas
ISBN 978-3-401-06217-4

Andreas Venzke
Gutenberg und das Geheimnis
der Schwarzen Kunst
ISBN 978-3-401-06180-1

Jeder Band:
Klappenbroschur.
www.arena-verlag.de

ARENA BIBLIOTHEK DES WISSENS
Lebendige Geschichte

978-3-401-06500-7

978-3-401-06466-6

978-3-401-06064-4

Eine Auswahl weiterer Titel der Reihe „Lebendige Geschichte":

Harald Parigger
Caesar und die Fäden der Macht
ISBN 978-3-401-05979-2

Harald Parigger
Fugger und der Duft des Goldes
Die Entstehung des Kapitalismus
ISBN 978-3-401-05992-1

Maria Regina Kaiser
Karl der Große und der Feldzug
der Weisheit
ISBN 978-3-401-06065-1

Martin Zimmermann (Hrsg.)
Weltgeschichte in Geschichten
ISBN 978-3-401-06216-7

Harald Parigger
Sebastian und der Wettlauf mit
dem Schwarzen Tod
Die Pest überfällt Europa
ISBN 978-3-401-05583-1

Harald Parigger
Barbara Schwarz und
das Feuer der Willkür – Ein Fall aus der
Geschichte der Hexenverfolgungen
ISBN 978-3-401-06124-5

Jeder Band:
Klappenbroschur.
www.arena-verlag.de

ARENA BIBLIOTHEK DES WISSENS
Aktuell

978-3-401-06525-0   978-3-401-06431-4   978-3-401-06219-8

Weitere Titel der Reihe „Aktuell":

Gerd Schneider
Globalisierung
ISBN 978-3-401-06222-8

Souad Mekhennet / Michael Hanfeld
Islam
ISBN 978-3-401-06220-4

Gerd Schneider
Politik
ISBN 978-3-401-06172-6

Bescheid wissen in der Welt von heute – mit der ARENA BIBLIOTHEK DES WISSENS AKTUELL. Hochkompetente Autoren führen kompakt und anschaulich in bedeutende Themen des Zeitgeschehens ein – unverzichtbares Grundlagenwissen für Schüler ebenso wie für Erwachsene.

Arena

Jeder Band:
Klappenbroschur.
www.arena-verlag.de

ARENA BIBLIOTHEK DES WISSENS
Aktuell

Ludger Schadomsky

Afrika
Ein Kontinent im Wandel

Afrika gilt als die Wiege der Menschheit, der Kontinent ist fast dreimal so groß wie Europa und jeder siebte Mensch ist Afrikaner. Trotzdem bleibt der „schwarze" Kontinent heute weitestgehend im Dunkeln. Afrikaexperte Ludger Schadomsky stellt den pulsierenden Kontinent in allen Schattierungen vor. Die Folgen der Kolonisation, Afrikas Rolle in der Weltwirtschaft und die Krankheit Aids werden ebenso beleuchtet wie die Erfolgsgeschichten mutiger Frauen und Männer, die sich für Afrika engagieren.

144 Seiten. Klappenbroschur.
ISBN 978-3-401-06527-4
www.arena-verlag.de

ARENA BIBLIOTHEK DES WISSENS
Lebendige Geschichte

Maria Regina Kaiser

Ramses II.
und die Tauben des Friedens

Ramses II. ging als Pharao der Rekorde in die Geschichte ein: kein anderer regierte länger, ließ prächtigere Denkmäler erbauen und niemand wurde von seinem Volk verehrt wie er. Frieden und Wohlstand kennzeichnen seine Regierungszeit. Maria Regina Kaiser schildert das Ägypten der 19. Dynastie aus der Sicht zweier hethitischer Schreiber, die einen Friedensvertrag mit dem mächtigen Pharao erwirken sollen.

144 Seiten. Klappenbroschur.
ISBN 978-3-401-06500-7
www.arena-verlag.de